神《かみ》さまに質問《しつもん》
「いのち」ってなんですか

生きることの尊さを考える5つの物語

綾野まさる・作
松本恭子・画

ハート出版

第一話

お父さんがくれたおくりもの

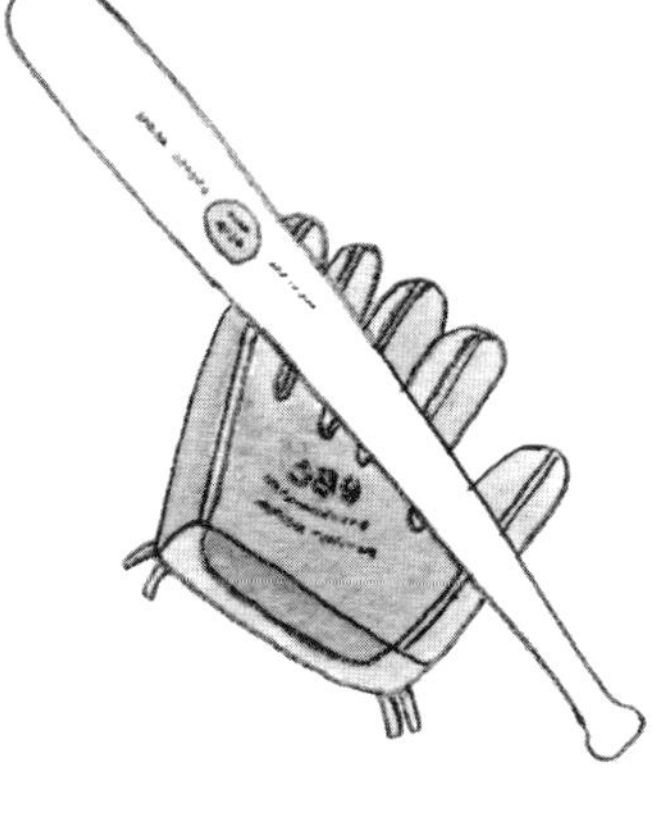

一九九五年《ねん》（平成七年《へいせいねん》）一月十七日《がつにち》、午前五時四十六分《ごぜんじぷん》――。兵庫県《ひょうごけん》の南部《なんぶ》を、マグニチュード七・二の巨大《きょだい》な地震《じしん》がおそった。

五五〇〇人《にん》もの人《ひと》が亡《な》くなり、四万人以上《まんにんいじょう》の人《ひと》たちがけがをし、三十一万人《まんにん》の人《ひと》が水《みず》や食《た》べものがたりない、苦《くる》しいひなん所生活《じょせいかつ》をした。

そして、みんなとおなじ小学生《しょうがくせい》たちが、いのちの尊《とうと》さを知《し》り、不自由《ふじゆう》な生活《せいかつ》のなかで、明日《あす》への希望《きぼう》の大切《たいせつ》さを、むねにかみしめた。

つながらない電話《でんわ》

朝《あさ》からふりしきっていた雨《あめ》が、お昼《ひる》ちょっとまえにようやくやんだ。小《ちい》さな青空《あおぞら》が少《すこ》しずつひろがって、うす日《び》がさしはじめた。庭《にわ》のこずえで、スズメがしきりにないている。

「ナッちゃん、ほら、お昼《ひる》にしよう。ナッちゃんが大好《だいす》きな天《てん》ぷらうどんやで」

台所《だいどころ》から、となりの部屋《へや》にむかって、おばさんは、心《こころ》もち声《こえ》を大《おお》きくして呼《よ》びかけた。

やっぱり、返事《へんじ》がない――。

「ナッちゃん、なあ、ナッちゃん」

おばさんは、また、声《こえ》をかけた。六畳《じょう》の和室《わしつ》は、コトリとも音《おと》がしない。

「なあ、ナッちゃん、ちょっとでええから、あけてえな」

押《お》し入《い》れの戸《と》をあけようとしたおばさんは、ちょっとためらってからそれをやめた。

あの大震災《だいしんさい》（阪神《はんしん》・淡路大震災《あわじだいしんさい》）のあと、兄《あに》の雅之《まさゆき》くんといっしょに、工藤《くどう》夏美《なつみ》ちゃんが、おばさんちにやってきて、七日《なのか》めになる。だが夏美《なつみ》ちゃんは、朝《あさ》ごはんはどうにか食《た》べるけれど、そのあとは夕方《ゆうがた》までずっと、押《お》し入《い》れのすみにとじこもったままなのだ。

五歳《さい》になったばかりの夏美《なつみ》ちゃんは、まるでことばを忘《わす》れたかのように、だれとも口《くち》をきいてくれない。おばさんは、それが気《き》がかりでしかたがなかった。

兄《あに》の雅之《まさゆき》くんは、おばさんの娘《むすめ》の香織《かおり》ちゃんとおなじ小学《しょうがく》六年生《ねんせい》。きょうは、児童会《じどうかい》のボランティア活動《かつどう》があるので、朝《あさ》はやく、ふたりで出《で》かけて行《い》った。

家《いえ》の中《なか》は、しーんとしずまりかえっている。

(ほんま、こまったなあ。ナッちゃん、いつになったら、しゃべってくれるんやろ)

食卓《しょくたく》にほおづえをついて、おばさんは、ぼんやりと窓《まど》の外《そと》をながめた。

おばさんの名前《なまえ》は、高橋加代子《たかはしかよこ》さん。ご主人《しゅじん》の秀雄《ひでお》さんと香織《かおり》ちゃんの三人《にん》で、兵庫県西宮市《ひょうごけんにしのみやし》の郊外《こうがい》にあるこの家《いえ》にひっこしてきて、まだ一年《ねん》ちょっとである。

もう、奇跡《きせき》というほかなかった。あれほど大《おお》きな地震《じしん》だったのに、高橋《たかはし》さんの家《いえ》は、コンクリートのへいが横《よこ》だおしになっただけで、あとはたいした被害《ひがい》はなかった。

地震《じしん》がおきたあと、おばさんが気《き》になったのは、神戸市長田区《こうべしながたく》に住《す》んでいる親友《しんゆう》、工藤宏子《くどうひろこ》さん一家《いっか》のことだった。おばさんは、雅之《まさゆき》くんきょうだいの母親《ははおや》、宏子《ひろこ》さんと、高校時代《こうこうじだい》の同級生《どうきゅうせい》だった。卒業《そつぎょう》してからも、むかしのままのなかよしで、月《つき》に一度《いちど》は、おたがいに行《い》ったりきたりして、子《こ》どものことなど、いろいろと話《はな》しあった。

地震《じしん》の一週間《しゅうかん》ほどまえにも、おばさんは宏子《ひろこ》さんのもとをたずねた。

「春《はる》になったら、ふたりで陶芸教室《とうげいきょうしつ》にかよって、いっしょに習《なら》いごとはじめようよ」

そんな約束《やくそく》を、かわしたばかりだった。

地震《じしん》からまる二日間《ふつかかん》は、電気《でんき》がつかなかった。けいたいラジオが朝《あさ》から夜中《よなか》まで、地震《じしん》のニュースやお知《し》らせをつたえている。

「もう、神戸《こうべ》はめちゃくちゃや。あの街《まち》は、のうなってしもうたがな……」

ご主人《しゅじん》の秀雄《ひでお》さんが、ラジオをにぎりしめて顔《かお》をゆがませた。

「……長田区《ながたく》では、火災《かさい》による被害《ひがい》が広《ひろ》がっています。とりわけ、鷹取商店街《たかとりしょうてんがい》のあたりで、いちだんと火《ひ》の手《て》がつよくなっています」

こうふんしたアナウンサーの声《こえ》が、おばさんのむねをしめつけた。

(な、なんやて、ほな、あの商店街《しょうてんがい》やったら、宏子《ひろこ》んちのすぐそばやがな)

阪神大震災《はんしんだいしんさい》で焼《や》け野原《のはら》となった鷹取商店街《たかとりしょうてんがい》の周辺《しゅうへん》（1995年1月18日）

読売新聞社提供

いても立《た》ってもいられなくなったおばさんは、電気《でんき》がつながると、すぐに工《く》藤《どう》さんの家《いえ》に電話《でんわ》をかけた。けれど、電話《でんわ》はつながらない……。神戸市内《こうべしない》の電《でん》話回線《わかいせん》が、ずたずたになって切《き》れていたからだ。

地震《じしん》から三日《みっか》めになっても、なんの連《れん》らくもとれなかった。

(宏子《ひろこ》んち、みんな、だいじょうぶやったやろか)

夕食《ゆうしょく》のあとかたずけをしながら、おばさんはそのことばかりを考《かんが》えていた。

すると、電話《でんわ》がなった。受話器《じゅわき》をとると、いきなり、かんだかい声《こえ》がとびこんできた。

「ねえ、えらいことやわ。神戸《こうべ》のな、宏子《ひろこ》んち……。アパートがな、ペシャンコになってしもうたってな、いま、わかったんよ。それにな、火事《かじ》がもえひろがって、なあ、もう……」

電話《でんわ》のあいては、大阪《おおさか》に住《す》んでいる高校時代《こうこうじだい》の同級生《どうきゅうせい》だった。

「もしもし、ねえ、聞《き》こえてんの、ねえ、もしもし」

「…………」

おばさんは、ぽかんとした顔《かお》でかべを見《み》つめたまま、その場《ば》に立《た》ちつくした。

青《あお》ざめた顔《かお》

雅之《まさゆき》くんと夏美《なつみ》ちゃんの両親《りょうしん》が、つぶれたアパートの下《した》から、かわりはてたすがたで発見《はっけん》されたことを知《し》ったとき、

(あんまりや、あんまりにもひどい。あんなやさしい人間《にんげん》のいのちをうばうなんて、地《じ》ごくや、地《じ》ごくやわ)

おばさんは、どこにもぶつけようのない怒《いか》りがこみあげてきて、頭《あたま》がへんになりそうだった。

神戸《こうべ》の知《し》りあいにたのんでしらべてもらったところ、ふたりの子《こ》どもの遺体《いたい》は、発見《はっけん》されていない。もしかしたら、生《い》きているかも知《し》れないということがわかった。

（そうや、ふたりとも……、きっと生《い》きてる。生《い》きているにちがいない）

おばさんは、神《かみ》さまに祈《いの》りたい気《き》もちだった。

地震《じしん》から四日《よっか》めの朝《あさ》、おばさんは、リュックサックにおにぎりや菓子《かし》パン、かんづめなどをつめこむと、神戸市《こうべし》へむかって歩《ある》きだした。

かたむきかけたビルや、つみきをくずしたかのようにつぶれた家々《いえいえ》が、冬《ふゆ》の日《ひ》ざしをあびて、むざんなすがたをさらしている。はだかになった街《まち》は、まだ火災《かさい》の熱《ねつ》をおびて、かみの毛《け》をもやしたときのようなにおいが立《た》ちこめていた。

（あの子《こ》たちは、きっと、きっと生《い》きている）

おばさんは、なんどもつぶやきながら歩《ある》いた。

ようやくのことで、神戸市長田区《こうべしながたく》にたどりついたとき、おばさんのひたいから、汗《あせ》がしたたりおちた。

工藤《くどう》さん一家《いっか》が住《す》んでいた二階《かい》だてのアパートは、あとかたもないほどにやけこげていた。まだ、火《ひ》がくすぶっているがれきの山《やま》を、救助隊《きゅうじょたい》の人《ひと》たちがほりおこしている。

（たった十日《とおか》ほどまえに、このアパートの部屋《へや》で、宏《ひろ》ちゃんがいれてくれた紅茶《こうちゃ》、それに手《て》づくりのアップルパイを、ごちそうになったんやのに……）

やけあとを見《み》つめるおばさんの目《め》に、明《あか》るく、かい活《かつ》だった宏子《ひろこ》さんの顔《かお》がうかんだ。

「さあ、どいて、どいてや～。こんなとこにつっ立《た》っとったら、あぶないがな。ぼやーっとしてたら、けがするでえ」

救助隊《きゅうじょたい》の若者《わかもの》に大《おお》きな声《こえ》で注意《ちゅうい》されて、おばさんは、ようやくわれにかえった。

「あのう、工藤雅之《くどうまさゆき》くんと夏美《なつみ》ちゃんという子《こ》どもなんですが、どこにいるか、わかりまへんか」

いそがしく動《うご》きまわっている人《ひと》たちをつかまえて、おばさんは、しんけんな顔《かお》でたずねた。

「あのう、工藤雅之《くどうまさゆき》くんと……、それから夏美《なつみ》ちゃんていうきょうだいなんですが……」

あちこちを歩《ある》きまわった。けれど、ふたりのゆくえはまるでつかめなかった。

（いったい、どこへいったんやろ。もしかしたら、あのがれきの下《した》にうもれているとちがうやろか……）

そんな思《おも》いにかられたときだった。

「だれか、親《しん》せきの人《ひと》でも、さがしているんですか」

声《こえ》をかけてくれたのは、親切《しんせつ》そうな自衛隊員《じえいたいいん》であった。その人《ひと》がしらべてくれて、雅之《まさゆき》くんと夏美《なつみ》ちゃんが、近《ちか》くの中学校《ちゅうがっこう》にひなんしていることがわかった。

「ほ、ほんまですか。いやあ、あの子《こ》たち、い、生《い》きているんですね」

ホッとしたあまり、おばさんは、その場《ば》にへなへなとすわりこんでしまった。

その中学校《ちゅうがっこう》の体育館《たいいくかん》には、たくさんの人《ひと》たちがひなんしていた。おばさんは、人《ひと》ごみをわけながら、雅之《まさゆき》くんと夏美《なつみ》ちゃんをさがした。

「すみません、すみません」

毛布《もうふ》にくるまって、青《あお》ざめた顔《かお》をしている人《ひと》たちのあいだを、おばさんは、つまずきそうになりながらさがした。

（なあ、ど、どこにいてんの）

気《き》もちだけが、くるくるとあせる。

「マサユキくーん、ナッちゃーん！」

とうとう、おばさんは大《おお》きな声《こえ》でさけんでいた。すると、体育館《たいいくかん》のすみっこで、すっくと立《た》ちあがった少年《しょうねん》のすがたが、目《め》にとまった。

「マ、マサユキくん！」

おばさんは、ころがるようにして、少年《しょうねん》のほうへ走《はし》った。雅之《まさゆき》くんの足《あし》もとには、からだをまるめた夏美《なつみ》ちゃんがいた。

「よかった、よかった、ほんま、よかった。もう、こわくないからね。さあ、おばさんちに行《い》こう。なあ、もう、安心《あんしん》していいんやで」

おびえた目《め》の夏美《なつみ》ちゃんを、おばさんはしっかりとだきしめた。なみだが、つぎからつぎとあふれてきて、とまらなくなった。

大切《たいせつ》な友《とも》だちの遺児《いじ》（親《おや》に死《し》なれて、のこされた子《こ》ども）を、どうにかぶじにあずかることができた。だが、おばさんのむねの中《なか》は、すっきりと晴《は》れにはならなかった。

兄《あに》の雅之《まさゆき》くんは、お父《とう》さんとお母《かあ》さんを、一度《いちど》に失《うしな》ったかなしみを、小《ちい》さなむねでうけとめて、明《あか》るくふるまってくれる。しかし、妹《いもうと》の夏美《なつみ》ちゃんは、ずっと心《こころ》をとざしたままだ。

地震《じしん》のおそろしさと、炎《ほのお》につつまれて亡《な》くなった両親《りょうしん》の死《し》のショックで、ことばを発《はっ》することができなくなったらしい。そんな夏美《なつみ》ちゃんを見《み》るたびに、おばさんは泣《な》きそうな気《き》もちになる。ご主人《しゅじん》の秀雄《ひでお》さんが、心配《しんぱい》するおばさんを見《み》かねていった。

「あんなおそろしいめにおうたんや。元気《げんき》になるまで、もうちょっと時間《じかん》がかかるのはあたりまえや。あんまり、気《き》にせんほうがええ。むりに話《はな》させなくとも、ええんとちがうか。いまにな、きっと、笑顔《えがお》を見《み》せてくれるよってに」

秀雄《ひでお》さんのいうとおりだと、おばさんはうなずいた。

(そうや、きっとそのうち、元気《げんき》になる。笑《わら》ってくれる)

そう信《しん》じるしかない。おばさんは、なんども自分《じぶん》のむねにいいきかせた。

さいごの練習《れんしゅう》

「おばさん、おねがいがあるんやけど」

地震《じしん》から一週間《しゅうかん》がすぎた日《ひ》の、夕食《ゆうしょく》のときだった。雅之《まさゆき》くんが、まじめな顔《かお》でいった。

「えらいしんけんな顔《かお》やね。なんやの、おねがいって」

「うーん、ええと……、あの……」

「うーん、ええとじゃ、わからへんがな。そんなにたいそうなことなの」

雅之《まさゆき》くんは、まだ、ちゅうちょしている。

「そんなにもったいぶらんと、話《はな》しいな、マーくん」

香織《かおり》ちゃんが、雅之《まさゆき》くんの右《みぎ》うでをせっついた。

「あのな、おばさん、バットとグローブや。それをさがしたいんや」

「へえーっ、バットとグローブかいな。それえ、そんなに大事《だいじ》なもんなの」

「うん、どうしてもさがしたいんや」

きっぱりとした雅之《まさゆき》くんの声《こえ》が、食卓《しょくたく》にひびいた。夏美《なつみ》ちゃんは、だまりこくったまま、オムライスを食《た》べている。

「ほなら、こんどの日曜日《にちようび》に行《い》こう。おじさん、休《やす》みやさかい、とちゅうな、行《い》けるとこまで、クルマにのっけてってもらおう」

「うん、おおきに、おばさん」

雅之《まさゆき》くんの瞳《ひとみ》が、明《あか》るくかがやいた。

雅之《まさゆき》くんは、学校《がっこう》でも近所《きんじょ》でも、みんながみとめる野球少年《やきゅうしょうねん》だった。

友《とも》だちの多《おお》くは、サッカーに熱中《ねっちゅう》したが、雅之《まさゆき》くんは、野球《やきゅう》ひとすじ。それというのも、お父《とう》さんの康之《やすゆき》さんは、徳島県《とくしまけん》の生《う》まれで、中学《ちゅうがく》、高校時代《こうこうじだい》は、野球部《やきゅうぶ》で活《かつ》やくするエースだった。

「雅之《まさゆき》！　おまえな、野球《やきゅう》、うーんとうまくなれよ。そしてな、甲子園《こうしえん》をめざせ、いいか！　そしたら父《とう》ちゃんな、神戸《こうべ》の街《まち》をさか立《だ》ちして歩《ある》いたるで」

それが、お父《とう》さんの口《くち》ぐせだった。

はじめてお父《とう》さんに、野球《やきゅう》の手《て》ほどきをうけたのは、小学《しょうがく》三年生《ねんせい》のとき。それから日曜日《にちようび》は、お父《とう》さんと野球《やきゅう》をするのが、雅之《まさゆき》くんの習慣《しゅうかん》みたいになった。

「こらっ、雅之《まさゆき》！　おまえ、目《め》んたま、どこにつけとるんや。ほれ、父《とう》ちゃんのな、このむねんとこめがけて投《な》げるんや」

「そんなこというたかて、だめや。ようとどかん」

「あほ！　ごちゃごちゃいわんと、もっと、かたの力《ちから》をぬいて投《な》げるんや。こらっ！　もっと、右足《みぎあし》をまっすぐにふみださんか。そいじゃ、からだがふらつくだけじゃ」

お父《とう》さんのようしゃのない注文《ちゅうもん》に、雅之《まさゆき》くんは、歯《は》をくいしばってがんばった。

三十球《きゅう》くらいつづけて投《な》げると、ひたいから汗《あせ》がふきだし、ランニングシャツがびっしょりぬれた。

「うーむ、だいぶよくなったぞ」

お父《とう》さんが、そういってくれた日《ひ》、雅之《まさゆき》くんは、むねをはって家《いえ》に帰《かえ》ること

ができた。

そして、小学《しょうがく》六年生《ねんせい》――。雅之《まさゆき》くんは、学校《がっこう》でも野球《やきゅう》じゃ、友《とも》だちからいちもくおかれるようになった。

「なにをやるにもな、それを好《す》きにならんとうまくはならん。それからな、よくばらんと、ひとつ、ひとつ、わざをマスターしてゆくことや、いいか、雅之《まさゆき》！」

お父《とう》さんが、くりかえしいっていたことばの意味《いみ》も、そのとおりだとわかるようになった。


一九九五年《ねん》（平成《へいせい》七年《ねん》）一月《がつ》六日《むいか》。

お正月《しょうがつ》が明《あ》けたばかりの夕食《ゆうしょく》のときだった。

「父《とう》ちゃんな、福岡《ふくおか》の営業所《えいぎょうしょ》にな、しばらく行《い》かんならんようになった」

そのことばに雅之《まさゆき》くんは、左手《ひだりて》に持《も》っていた茶《ちゃ》わんを落《お》としそうになった。

電子部品《でんしぶひん》をつくる会社《かいしゃ》につとめるお父《とう》さんが、九州《きゅうしゅう》は福岡市《ふくおかし》にある営業所《えいぎょうしょ》に行《い》かなければならなくなったのは、急《きゅう》なことだった。

「ほんとはな、みんなで福岡《ふくおか》へ行《い》こうと思《おも》っとったんやけど、いろいろとな、会社《かいしゃ》のつごうがあってな。お母《かあ》さんとそうだんして、父《とう》ちゃん、ひとりで行《い》くことになった。でもな、九月《がつ》のはじめにはな、また、神戸《こうべ》にもどってこれる」

「ほんと、九月《がつ》には、また、みんなで暮《く》らせるんやね」

「そうや、それまでのしんぼうや。なあ、雅之《まさゆき》、おまえがしっかりしてくれんと、母《かあ》さんもそれから夏美《なつみ》も、心《こころ》ぼそいからな」

お父《とう》さんが、夏美《なつみ》ちゃんの頭《あたま》をなでながらいった。

お父《とう》さんが福岡《ふくおか》へ出発《しゅっぱつ》する日《ひ》は、一月《がつ》十七日《にち》にきまった。

その前々日《ぜんぜんじつ》の一月《がつ》十五日《にち》、成人《せいじん》の日《ひ》――。お昼《ひる》すぎに雅之《まさゆき》くんは、お父《とう》さんと近所《きんじょ》のスポーツ用品店《ようひんてん》へ出《で》かけた。

「まえからな、買《か》ってやろう、買《か》ってやろうと思《おも》うてたんや。いま、つこうてるやつ、もうオンボロやもんな」

お父《とう》さんが買《か》ってくれたのは、ピッカピカのバットとグローブ。

一月《がつ》十六日《にち》、ふりかえ休日《きゅうじつ》のその日《ひ》、雅之《まさゆき》くんは、近《ちか》くのあき地《ち》で、お父《とう》さんとキャッチボールに汗《あせ》をながした。

「こんどな、福岡《ふくおか》から帰《かえ》ってこれるんは、一か月《げつ》ちょっとたってからや。それまでな、このグローブとバットでな、ちゃんと練習《れんしゅう》しときや。ズルしたらな、父《とう》ちゃんには、すぐわかるさかいな」

夕《ゆう》もやがたちこめる道《みち》を、雅之《まさゆき》くんは、お父《とう》さんとならんで帰《かえ》った。

そして、それが、お父《とう》さんとのさいごの練習《れんしゅう》になってしまった。

黄色《きいろ》い花《はな》

あの大きな地震《じしん》から、十二日《にち》がたった。

一月《がつ》二十九日《にち》、日曜日《にちようび》――。神戸《こうべ》の空《そら》には、青空《あおぞら》がひろがっていた。その青《あお》さが、なぜかとても悲《かな》しげに見《み》えた。

五五〇〇人《にん》をこえる人《ひと》たちのいのちをうばった大地震《だいじしん》が、まるでうそのように思《おも》われる空《そら》の青《あお》さだった。

高橋《たかはし》さんのご主人《しゅじん》が、神戸《こうべ》市《し》の入《い》り口《ぐち》までクルマで送《おく》ってくれた。あとは、道路《どうろ》がこわれているので、歩《ある》くより方法《ほうほう》がない。

「バットとグローブ、見《み》つかるとええな。オッちゃん、いのっとるさかいな」

おじさんが、雅之《まさゆき》くんのかたをポンとたたいて見送《みおく》ってくれた。

おばさんのあとを、夏美《なつみ》ちゃんの手《て》をひいた雅之《まさゆき》くんがつづく。三人《にん》は、だまって歩《ある》いた。はかいされた街《まち》は思《おも》ったよりしずかで、人《ひと》かげもまばらだった。ときおり、ブルドーザーが、がれきの山《やま》をかきわける音《おと》がする。時間《じかん》が、まるでとまったみたいだ。

「もうすぐやで、もうすぐやで」

おばさんは、ふりむいて雅之《まさゆき》くんと夏美《なつみ》ちゃんをはげました。しばらく歩《ある》いたときだった。

「わーっ、なあ、ほら、見《み》てごらん」

おばさんが、すっとんきょうな声《こえ》をあげた。

ペシャンコにつぶれた家《いえ》の屋根《やね》がわらの下《した》から、五、六本《ぽん》の黄色《きいろ》い花《はな》がすっくとのびていた。

「スイセンやろ、おばさん、これぇ、スイセンの花《はな》や」

雅之《まさゆき》くんが、花《はな》のそばへかけよった。

「この家《いえ》の人《ひと》が、鉢《はち》うえにしてたんやろな。それでも地震《じしん》にまけんと、こんな小《ちい》ちゃい花《はな》でも、がんばって生《い》きてるんやな」

しゃがみこんだおばさんが、しみじみといった。雅之《まさゆき》くんは、じっと花《はな》を見《み》つめた。なんにもいわないけれど、夏美《なつみ》ちゃんも、スイセンの花《はな》を見《み》ていた。

アパートが建《た》っていたやけあとにたどりついたのは、午後《ごご》三時近《じちか》かった。西宮市《にしのみやし》を出発《しゅっぱつ》してから、四時間《じかん》がたっていた。

「どこにあるんやろ。もえてしもうたんかなあ」

まるたんぼうをひろうと、雅之《まさゆき》くんが、がれきの山《やま》をくずしては、しんけんな顔《かお》でのぞきこんだ。おばさんも、やけあとをさがしまわった。

「やっぱし、だめやなあ。こんなめちゃくちゃんなかから見《み》つけるのは、どないしたってむりや」

雅之《まさゆき》くんが、かなしげな声《こえ》でさけんだ。すると、ぼんやりとやけあとをながめていた夏美《なつみ》ちゃんが、小《ちい》さなぼうっきれをひろうと、がれきのあちこちを、さぐりはじめた。

冬《ふゆ》の日《ひ》ざしはあるけれど、風《かぜ》はつめたい。三人《にん》は、必死《ひっし》でさがした。しかし、二時間《じかん》がすぎても、バットとグローブのかけらも見《み》つからない。

「やっぱし、やっぱし、もえてしもうたんや、やっぱし……」

雅之《まさゆき》くんが、まるたんぼうを投《な》げすてて、あきらめようとしたときだった。

「あった、あった、バット、バット、あった、あった!」

夏美《なつみ》ちゃんのかんだかい声《こえ》が、やけあとにひびいた。雅之《まさゆき》くんが、妹《いもうと》のいるほうへかけよった。夏美《なつみ》ちゃんが、にっこり笑《わら》っている。

(ひゃ〜あ、しゃべった、しゃべった。ナッちゃんが、しゃべって笑《わら》った)

バットが見《み》つかったことよりも、おばさんは、夏美《なつみ》ちゃんにことばがもどったことが、うれしくてならなかった。

がれきの下《した》から顔《かお》をだしたバットは、さきのほうが十センチほど、黒《くろ》くやけこげていたが、まぎれもなく、雅之《まさゆき》くんのバットだった。

「奇跡《きせき》やなあ、ほんま、奇跡《きせき》やわ。なんもかもみーんなもえてしもうたいうに……、なあ、奇跡《きせき》やわ。お父《とう》さんが、守《まも》ってくれたんやわ」

おばさんは、いまにもなみだがこぼれそうな目《め》で、雅之《まさゆき》くんを見《み》つめた。

いつのまにか、夕日《ゆうひ》がやけあとを、すっぽりとつつみこんでいる。バットをしっかりとにぎりしめた雅之《まさゆき》くんは、くちびるをきっとむすんで、夕《ゆう》やけの空《そら》を見《み》あげた。そして、夏美《なつみ》ちゃんの手《て》をひいて、ゆっくりと歩《ある》きだした。

四月《がつ》のおわり、雅之《まさゆき》くんと夏美《なつみ》ちゃんは、お世話《せわ》になったおばさんの家族《かぞく》に、わかれをつげた。お父《とう》さんの故郷《こきょう》の徳島《とくしま》の親《しん》せきで、新《あたら》しい生活《せいかつ》をはじめることになったからだ。

「せっかく、子《こ》どもがふたりもふえたのになあ」

おばさんは、ひきとめたい気《き》もちになったが、それをあきらめた。雅之《まさゆき》くんと夏美《なつみ》ちゃんにとって、徳島《とくしま》のしぜんの中《なか》で、大《おお》きく成長《せいちょう》するほうが、もっといいだろうと思《おも》ったからだ。

それに、なによりも、あのバットがある。

(お父《とう》さんのさいごのおくりものやもの。これからも、きっときっと、雅之《まさゆき》くんとナッちゃんに、ふしぎな力《ちから》をあたえてくれるにちがいないがな)

おばさんは、きょうもそうつぶやきながら、雅之《まさゆき》くんと夏美《なつみ》ちゃんからの手《て》紙《がみ》を待《ま》っている。

第二話

ぼくは、ぼくに生まれてよかった

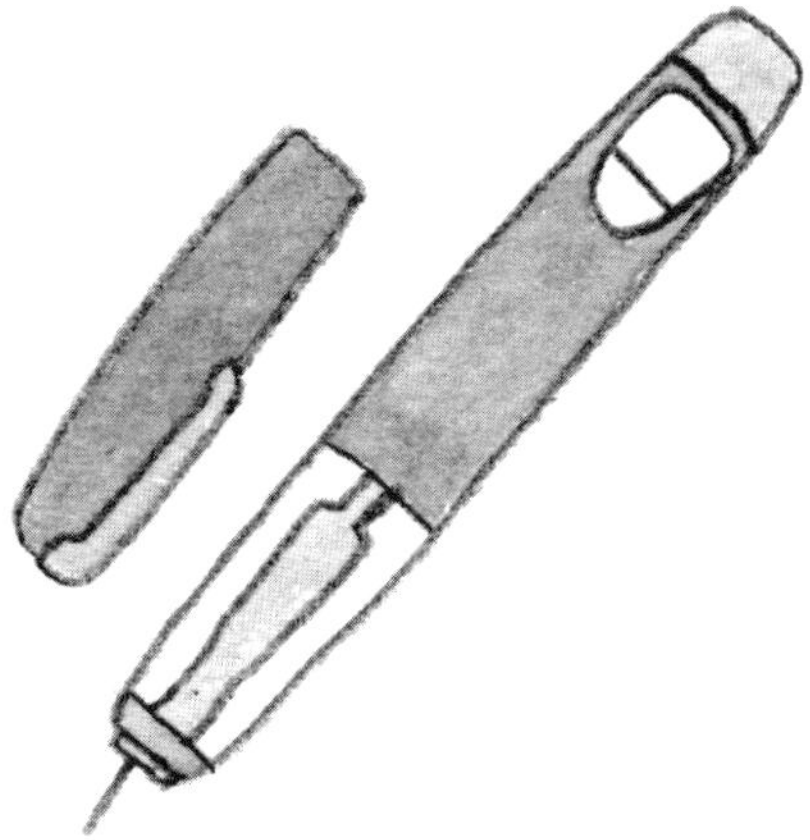

スーパースター

水色《みずいろ》の絵《え》の具《ぐ》をぬったような空《そら》が、グラウンドの上《うえ》にひろがっている。

その日《ひ》、熊本県鹿北町《くまもとけんかほくまち》（現《げん》・山鹿市《やまがし》）では『かほくまつり』がひらかれ、おおぜいの人《ひと》でにぎわっていた。

やきそば、お好《この》みやき、おでんなどのお店《みせ》がならび、イベント会場《かいじょう》のステージでは、民《みん》ようや和《わ》だいこなどの出《だ》しものが、つぎつぎとひろうされている。

お昼《ひる》すぎ、そのステージのうらがわに、色《いろ》とりどりのレオタードを着《き》た女《おんな》の子《こ》たちがあつまった。いちばん下《した》は、五歳《さい》くらいの女《おんな》の子《こ》から、上《うえ》は中学生《ちゅうがくせい》まで十五人《にん》ばかりだ。

そのなかに、黒地《くろじ》に水色《みずいろ》のもようの入《はい》ったレオタード姿《すがた》の少年《しょうねん》がひとり。

ちょっと見《み》には、中学生《ちゅうがくせい》くらいに見《み》える。

彼《かれ》の名前《なまえ》は、大村詠一《おおむらえいいち》くん。高校《こうこう》二年生《ねんせい》の十六歳《さい》だ。

彼《かれ》らは、このイベントにまねかれ、エアロビックのショーを演《えん》じるため、となりの町《まち》からやってきたのだ。そのステージが進《すす》み、いよいよ詠一《えいいち》くんが、ひとりでおどる番《ばん》がちかづいてきた。

のどがかわくのか、詠一《えいいち》くんは、しきりにペットボトルのお茶《ちゃ》を飲《の》む。

「ねえ、だいじょうぶ。さいごまで、ねえ、たおれないで、なんとかやってね」

この日《ひ》、つきそいとしてやってきたお母《かあ》さんが、詠一《えいいち》くんに、ぬれたタオルをわたした。そのタオルでくちびるをぬらすと、詠一《えいいち》くんは、すべるようにステージにかけだした。

ロック調《ちょう》のはげしいビートのリズムが、会場《かいじょう》をつんざくようにひびく。

その音楽《おんがく》にのって、詠一《えいいち》くんのからだが、思《おも》いっきり高《たか》く、宙《ちゅう》にはねる。

回転《かいてん》する。床《ゆか》にふせる。両足《りょうあし》を床《ゆか》に平行《へいこう》にのばし、L《エル》の字《じ》になったからだを、両《りょう》うでささえて、足《あし》を二回転《かいてん》させる。そして、両足《りょうあし》を大《おお》きくひらいてとびあがり、うで立《た》てふせのかたちで床《ゆか》に着地《ちゃくち》する。

「うわーっ、すっごいなあ。さすが、世界《せかい》一だよ。熊本《くまもと》のスーパースターだ！」

そんな声《こえ》が、あちこちから聞《き》こえてくる。グラウンドをうめつくした人《ひと》たちの拍手《はくしゅ》とかん声《せい》が、すみわたった秋空《あきぞら》にひびいた。

演技《えんぎ》をおえた詠一《えいいち》くんが、ステージをおりる。

「はい、お兄《にい》ちゃん、はやく飲《の》んで！」

ステージのうら手《て》で、大《だい》の字《じ》になって寝《ね》ころんだ詠一《えいいち》くんに、妹《いもうと》の智美《ともみ》さんが、スポーツ飲料《いんりょう》をわたす。

「きょうは、かんぺきだったね、お兄《にい》ちゃん」

もうひとりの妹《いもうと》、紗織《さおり》さんが、V《ブイ》サインをおくる。ふたりの妹《いもうと》は中学生《ちゅうがくせい》。お

空中《くうちゅう》により高《たか》くジャンプして
演技《えんぎ》する詠一《えいいち》くん（上）。
練習《れんしゅう》のあいまにリラックス（下）

兄《にい》ちゃんとおなじく、エアロビック競技《きょうぎ》の選手《せんしゅ》だ。

そのふたりの妹《いもうと》は、がんばり屋《や》の兄《あに》に、心《こころ》のそこから拍手《はくしゅ》をおくっている。

詠一《えいいち》くんは、この年《とし》の春《はる》、東京《とうきょう》でひらかれた『スズキワールドカップ・エアロビック選手権大会《せんしゅけんたいかい》』のユース部門《ぶもん》（十三〜十六歳《さい》）で優勝《ゆうしょう》し、世界《せかい》チャンピオンにかがやいた。

これだけでもすごいことだけど、じつは、詠一《えいいち》くん、ふつうの人《ひと》のように健《けん》康《こう》なからだではない。病気《びょうき》とたたかいながら、小《ちい》さなころから、エアロビックをやりつづけてきたのだ。

夕《ゆう》ぐれ、イベントがおわって、三人《にん》きょうだいは、お母《かあ》さんの運転《うんてん》するクルマで家路《いえじ》についた。

それから夕食《ゆうしょく》だ。農協《のうきょう》につとめているお父《とう》さんは、きょうも、帰《かえ》りがおそくなりそうだ。

「いただきまーす」

茶《ちゃ》わんを持《も》ちかけたところで、詠一《えいいち》くんは、それをもとにもどした。

「いけねえ、いけねえ、サボッちゃ、いけねえ」

詠一《えいいち》くんは、小《ちい》さなポーチからメガネケースのようなものをとりだした。その中《なか》から、万年筆《まんねんひつ》ににた形《かたち》のものがあらわれる。そのキャップをはずすと、それが、注射器《ちゅうしゃき》になる……。

シャツをめくると、詠一《えいいち》くんは、じぶんのおなかを、かたくふくらませる。そして、プスッと注射針《ちゅうしゃばり》をさす。とっても、なれた手《て》つきだ。自分《じぶん》で、自分《じぶん》のからだに注射《ちゅうしゃ》をするって、ちょっとこわいよね。

でも、詠一《えいいち》くんは、この注射《ちゅうしゃ》とも、病気《びょうき》とも、長《なが》いつきあいをつづけてきたのだ。

夜中《よなか》のトイレ

大村詠一《おおむらえいいち》くんは、熊本県菊池郡大津町《くまもとけんきくちぐんおおづまち》に生《う》まれた。阿蘇山《あそさん》のふもとにある大津町《おおづまち》は、さつまいもの産地《さんち》として知《し》られ、緑《みどり》ゆたかな自然《しぜん》にかこまれた町《まち》だ。

詠一《えいいち》くんのお母《かあ》さん、利恵《りえ》さんは、エアロビックのインストラクターの資格《しかく》をもっている。そんなことから、詠一《えいいち》くんは、四歳《さい》のときにエアロビックを習《なら》いはじめた。

でも、はじめから、うまくおどれたわけではない。運動神経《うんどうしんけい》も、あまりいいほうではなかった。発表会《はっぴょうかい》のとき——。

「はいはい、詠一《えいいち》くんはうしろにまわって。ほら、みんなのかげにかくれて！」

先生《せんせい》から、いつもそういわれた。はっきりいえば、みんなのおにもつだった。

けれど詠一《えいいち》くんは、練習《れんしゅう》だけは休《やす》まなかった。

それは、とつぜんのできごとだった。

小学《しょうがく》二年生《ねんせい》の三学期《がっき》のこと。詠一《えいいち》くんは、風邪《かぜ》をひいた。なにかを食《た》べたいという気《き》もちがなくなって、やたらとのどがかわき、水《みず》ばかり飲《の》んでしまう。

夜中《よなか》にがまんできなくなって、なんどもおしっこに行《い》くようになった。

「なんだかへんよねえ。これまで、夜中《よなか》にトイレに起《お》きたことなかったのに

……」

ふしぎに思《おも》ったお母《かあ》さんは、詠一《えいいち》くんをつれて、ちかくの小児病院《しょうにびょういん》をたずねた。

「念《ねん》のために、検査《けんさ》をしましょう」

先生《せんせい》にいわれ、検査《けんさ》をうけると、尿《にょう》（おしっこ）の中《なか》の糖《とう》の量《りょう》が、ふつうではないということがわかった。

「もっと大《おお》きな病院《びょういん》で、すぐにみてもらってください」

熊本市《くまもとし》にある総合病院《そうごうびょういん》にかけつけると、わけもわからないまま、その日《ひ》のうちに入院《にゅういん》させられた。

詠一《えいいち》くんの病気《びょうき》は、小児糖尿病《しょうにとうにょうびょう》だった。

糖尿病《とうにょうびょう》というと、ぜいたく病《びょう》とか、むちゃな生活《せいかつ》をしたからなる病気《びょうき》だと思《おも》われている。でも、小児糖尿病《しょうにとうにょうびょう》は、少《すこ》しちがうのだ。

ちょっとむずかしい説明《せつめい》になるけれど、ここでからだの勉強《べんきょう》をしてみよう。

わたしたちの生命《せいめい》は、なにをエネルギーとしてなりたっているか、知《し》ってるかな。答《こた》えはね、血液《けつえき》の中《なか》にふくまれている「ぶどう糖《とう》」なんだよ。このぶどう糖《とう》は、ふつう血糖《けっとう》と呼《よ》ばれるけれど、これがエネルギーのもとになって、わたしたちは生命《せいめい》を保《たも》つことができるのだ。

そして、この血糖《けっとう》をエネルギーとして利用《りよう》するためには、すい臓《ぞう》でつくられるインスリンというホルモンの助《たす》けが必要《ひつよう》なのだ。

ところが、このインスリンの量《りょう》が少《すく》なかったり、その力《ちから》が弱《よわ》かったりすると、糖尿病《とうにょうびょう》が起《お》きるんだよ。血液《けつえき》のなかに血糖《けっとう》が多《おお》くなり、ぶどう糖《とう》が尿《にょう》にもまじってきて、からだの調子《ちょうし》がわるくなってしまうのだ。

とりわけ、子《こ》どもの糖尿病《とうにょうびょう》は、このインスリンがうまく利用《りよう》できないために起《お》きることが多《おお》いという。はじめは、とても疲《つか》れやすくなったり、急《きゅう》に体重《たいじゅう》がへったり、のどがかわいて、おしっこの回数《かいすう》がふえる。これが、危険信号《きけんしんごう》なんだって。そして、血糖《けっとう》が出《で》すぎると、めまいや息《いき》ぎれがし、もっとひどくなると、頭《あたま》がぼーっとしてきて、意識《いしき》がなくなることもあるそうだ。

この病気《びょうき》になった場合《ばあい》、まずやらなければならないのは、からだにインスリンを投与《とうよ》する（薬《くすり》をあたえる）ことだ。そうすれば、糖尿病《とうにょうびょう》の状態《じょうたい》が、それ以上《いじょう》にわるくならないからだ。

こうして、詠一《えいいち》くんと糖尿病《とうにょうびょう》とのたたかいがはじまった。

入院《にゅういん》してまずクリアしなければならないのは、血糖値《けっとうち》を測《はか》ること。そして、インスリンの注射《ちゅうしゃ》を、うまく打《う》てるようになることだった。

「お兄《にい》ちゃん、がんばれるよね。ママもいっしょにがんばるから」

お母《かあ》さんの利恵《りえ》さんも病院《びょういん》に泊《と》まって、先生《せんせい》や看護婦《かんごふ》さんから、やり方《かた》を教《おし》えてもらった。

まずたいへんだったのは、血糖値《けっとうち》の測定《そくてい》だった。血糖測定器《けっとうそくていき》につながれている針《はり》を、手《て》の指先《ゆびさき》につきさして、ほんの少《すこ》しの血《ち》をにじませて、血糖値《けっとうち》がどのくらいか、測《はか》らなければならない。

「こんなの、へっちゃらだよ」

負《ま》けずぎらいの詠一《えいいち》くんは、針《はり》をかまえてみるが、最初《さいしょ》はやっぱりこわくて、なかなかうまくさせない。

「詠一《えいいち》くん、男の子《おとこのこ》でしょう。さあ、やり直《なお》してください」

看護婦《かんごふ》さんは、とってもきびしい。

「さあ、もう一回《かい》、やり直《なお》し！」

（ねえ、どうしてそんなにやさしい顔《かお》して、こわいことというの）

まだ小学《しょうがく》二年生《ねんせい》の詠一《えいいち》くんは、看護婦《かんごふ》さんが〝魔女《まじょ》〟のように見《み》えたこともあった。でも、これをクリアできなくちゃ、男の子《おとこのこ》じゃない。歯《は》をくいしばって、詠一《えいいち》くんはがんばった。「もう一回《かい》ね」のやり直《なお》しで、両手《りょうて》の指先《ゆびさき》が、ポツポツと穴《あな》だらけになった。

いや、もっとつらいことがあった。

「入院《にゅういん》しているあいだはね、チョコレートやケーキなど、お菓子《かし》は食《た》べちゃいけないよ」

血糖値《けっとうち》が上《あ》がるため、病院《びょういん》の先生《せんせい》からきつくいわれたからだ。

（そうだ、この世《よ》にお菓子《かし》がないって思《おも》えばいいんだ）

そう心《こころ》にいいきかせるけど、やっぱり、むしょうにほしくなることもあった。

でも、詠一《えいいち》くんは、心《こころ》の中《なか》のネジを巻《ま》きなおした。

ある日《ひ》のこと、お母《かあ》さんがきいた。

「チョコレート、食《た》べたいでしょう？」

詠一《えいいち》くんは、きっぱりとこう答《こた》えた。

「でも……、ぼくは二年生《ねんせい》だけど、となりの部屋《へや》のね、慎吾《しんご》くん、まだ五歳《さい》なのに、食《た》べないでがまんしてるんだから」

小児科病棟《しょうにかびょうとう》には、寝《ね》たきりの子《こ》どももいれば、まだ小学校《しょうがっこう》にもいっていない子《こ》どももいる。詠一《えいいち》くんは、ときどき子《こ》どもたちのベッドをたずねては、話《はな》

し相手《あいて》になったり、プラモデルをいっしょにつくったりした。

(病気《びょうき》をちゃんとうけとめて、あの子《こ》は、がんばってる。病気《びょうき》が……、あの子《こ》を強《つよ》くしてくれている)

お母《かあ》さんは、心《こころ》の中《なか》でせいいっぱいの拍手《はくしゅ》をおくった。

いのちのカード

空《そら》いっぱいにたれこめていた雲《くも》のあいだから、青空《あおぞら》が少《すこ》しずつ顔《かお》をだしはじめた。雨《あめ》あがりの空《そら》のした、さくらがとてもきれいだ。

二か月《げつ》の入院生活《にゅういんせいかつ》をおえて退院《たいいん》した詠一《えいいち》くんは、三年生《ねんせい》に進級《しんきゅう》した。しかし、よろこんでばかりはいられない。毎日《まいにち》が、病気《びょうき》と背中《せなか》あわせだ。

インスリンの注射《ちゅうしゃ》は、一日《にち》、五回《かい》。朝《あさ》、昼《ひる》、夕方《ゆうがた》、そしてエアロビックの練習《れんしゅう》のあと、ふとんに入《はい》って眠《ねむ》るまえ――。これを、一回《かい》たりともなまけてはいけない。

注射《ちゅうしゃ》をするところは、腕《うで》、おなか、太《ふと》もも、それからお尻《しり》。ここにかわるがわる、注射針《ちゅうしゃばり》をさして、インスリンを投与《とうよ》する。

はじめはおっかなびっくりだった詠一《えいいち》くんも、注射《ちゅうしゃ》をするのがうまくなった。

(でも、この注射《ちゅうしゃ》を……、この子《こ》は一生《いっしょう》、つづけなくちゃいけないんだわ)

詠一《えいいち》くんが注射《ちゅうしゃ》をするたびに、お母《かあ》さんは、むねがしめつけられるようになった。

そして、お母《かあ》さんがもっと心配《しんぱい》したのは、低血糖《ていけっとう》によるいのちへの危険《きけん》だった。また、説明《せつめい》がむずかしくなるけど、甘《あま》いものを食《た》べるのをひかえすぎると、こんどは血糖値《けっとうち》が下《さ》がりすぎて、ぶったおれてしまうのだ。

それは、いつ起《お》こるかわからない。学校《がっこう》からの帰《かえ》り道《みち》に、とつぜん、低血糖《ていけっとう》になって、とりかえしのつかないことになるかもしれない……。

(どうしたらいいんだろう)

お母《かあ》さんは、一生《いっしょう》けんめいに思《おも》いをめぐらした。そして、いいアイディアがうかんだ。それは、詠一《えいいち》くんのむねに、一枚《まい》のカードをぶらさげることだった。

そのカードには、住所《じゅうしょ》と電話番号《でんわばんごう》をはっきりと書《か》いた。

《ぼくは小児糖尿病《しょうにとうにょうびょう》です。たおれていたら、ジュースを飲《の》ませてください》

カードにお母《かあ》さんは、一〇〇円硬貨《えんこうか》一枚《まい》と十円硬貨《えんこうか》を二枚《まい》、セロテープではりつけた。それがジュース代《だい》だった。

インスリンの注射《ちゅうしゃ》は、学校《がっこう》にいるときも打《う》たなくてはならない。

給食《きゅうしょく》まえのインスリン注射《ちゅうしゃ》は、保健室《ほけんしつ》にかけこんで打《う》った。

「いたそう」「かわいそう」「たいへんだな」

JUICE

みんなから、そんな目《め》で見《み》られるのが、いやだった。だから、教室《きょうしつ》ではやらない。詠一《えいいち》くんの、せいいっぱいの意地《いじ》だった。

けれど、さすがの詠一《えいいち》くんも、いじけそうになることもあった。血糖値《けっとうち》が下《さ》がりすぎて、頭《あたま》がぼーっとなる。詠一《えいいち》くんは、ポケットに手《て》をつっこむと、キャンディーをとりだして、それを口《くち》の中《なか》にほうりこむ。

すると、詠一《えいいち》くんの病気《びょうき》を知《し》らない仲間《なかま》たちが、ふしぎそうな顔《かお》をしながら、へんな目《め》で見《み》る。

「いいなあ、大村《おおむら》のやつ、授業中《じゅぎょうちゅう》に、キャンディー、なめてるよ」

そんな声《こえ》が、あちこちからする。でも、病気《びょうき》のことを、いちいち説明《せつめい》するのもめんどうだ。

(ぼくが、なにかわるいことをしたんだろうか。みんなとちがうってことは、どうしてこんなにわずらわしいんだろう)

からだよりも、心《こころ》が、ずっしりと重《おも》くなった。

だが、どんなに苦《くる》しくても、詠一《えいいち》くんは、エアロビックの練習《れんしゅう》をつづけた。インスリンの注射《ちゅうしゃ》を打《う》ちながら……。低血糖《ていけっとう》でふらふらになりながら、エアロビックをつづけた。


小学六年生《しょうがくろくねんせい》になって、一か月《げつ》ほどがたったころだった。

学校《がっこう》でのインスリンの注射《ちゅうしゃ》を、詠一《えいいち》くんは、こっそりサボってしまった。打《う》たなくても、だいじょうぶな気《き》がしたのだ。

(べつにしなくたって、なんともないじゃないか)

一日《にち》、五回《かい》の注射《ちゅうしゃ》が四回《かい》になり、三回《かい》、二回《かい》、そして一回《かい》になってしまった。

二週間《しゅうかん》ほどすると、血糖値《けっとうち》がめちゃくちゃに高《たか》くなった。どうにも立《た》っていられなくなった。気《き》がついたとき、詠一《えいいち》くんは、病院《びょういん》のベッドの上《うえ》にいた。

（このまま、注射《ちゅうしゃ》をしないですむんなら）

どうすることもできないことを、それでもどうにかしたいと思《おも》うくやしさが、詠一《えいいち》くんの心《こころ》を弱気《よわき》にしてしまったのだ。

そんな詠一《えいいち》くんに、とってもいいことがおとずれた。ある日《ひ》、担任《たんにん》の先生《せんせい》が、詠一《えいいち》くんのかたをたたいていった。

「病気《びょうき》はな、きみのせいじゃないんだぞ。だから、みんなにかくれて注射《ちゅうしゃ》を打《う》つことなんてない」

先生《せんせい》の提案《ていあん》で、インスリンのはたらきがわかる「紙芝居《かみしばい》」を、クラスのみんなで、つくることになった。

「へえ～っ、詠一《えいいち》くんが、授業中《じゅぎょうちゅう》にキャンディーをなめるのは、こういうことだったんだね」

クラスのみんなが、わかってくれた。みんなが、ほかの教室《きょうしつ》にも、紙芝居《かみしばい》を見《み》せてまわってくれた。
(なんで、ぼくだけが、こんなつらい思《おも》いをしなくちゃいけないんだ)
いじけそうになった詠一《えいいち》くんは、みんなの前《まえ》で、ふつうに注射《ちゅうしゃ》ができるようになった。

赤信号《あかしんごう》もこわくない

糖尿病《とうにょうびょう》という自分《じぶん》のからだとつきあっていけるようになった詠一《えいいち》くんは、エアロビックに、ありったけの力《ちから》をそそぎこむようになった。ジュニア大会《たいかい》にも出場《しゅつじょう》した。

「エアロビクス」は健康《けんこう》ダンスだけど、「エアロビック」は、エアロビクスに体操《たいそう》のような技《わざ》をとりいれた競技《きょうぎ》のひとつ。アメリカの宇宙飛行士《うちゅうひこうし》のトレーニングにもとりいれられている、ハードなスポーツなのだ。

小学《しょうがく》四年生《ねんせい》のころから、詠一《えいいち》くんは、ジュニア大会《たいかい》に出場《しゅつじょう》したが、いつも、本番《ほんばん》まえになると、低血糖《ていけっとう》になってしまった。

（さいごまで、やれるかな、やれるかな）

気《き》もちが、ひきしまりすぎるからだ。

からだが冷《つめ》たくなって、顔《かお》が青《あお》くなって、目《め》がとろんとして……、詠一《えいいち》くんのからだに赤信号《あかしんごう》がともった。そのたびに、インストラクターとしてつきそうお母《かあ》さんが、チョコレートやキャンディーを、詠一《えいいち》くんの口《くち》にほうりこんだ。

そして、どうにかステージに上《あ》がる。二分間《ふんかん》ほどの演技《えんぎ》をこなし、ステージからおりてくると、詠一《えいいち》くんは、その場《ば》にたおれてしまう。

六年生《ねんせい》までは、大会《たいかい》に出《で》てはたおれ、おわるとたおれてしまうというくり返《かえ》しだった。

「ねえ、苦《くる》しかったら、やめたっていいのよ」

見《み》るに見《み》かねたお母《かあ》さんが、詠一《えいいち》くんにいった。でも、詠一《えいいち》くんの返事《へんじ》はきまっていた。

「だいじょうぶ。つぎの大会《たいかい》でがんばるから」

そんな詠一《えいいち》くんに、大《おお》きなチャンスがやってきたのは、中学《ちゅうがく》一年生《ねんせい》の九月《がつ》――。全日本選手権大会《ぜんにほんせんしゅけんたいかい》の九州地区予選《きゅうしゅうちくよせん》に、出場《しゅつじょう》することがかなった。

たおれそうになりながら、ジュースを飲《の》み、キャンディーをほおばってがんばった。結果《けっか》は、おしくも二位《い》だったが、詠一《えいいち》くんは、みごと全国大会出場《ぜんこくたいかいしゅつじょう》へのキップを手《て》につかんだ。

それからの詠一《えいいち》くんの活《かつ》やくは、めざましかった。いろいろな大会《たいかい》に出場《しゅつじょう》し、トロフィーの数《かず》もふえた。北海道《ほっかいどう》、東京《とうきょう》、名古屋《なごや》、大阪《おおさか》と、全国《ぜんこく》に遠征《えんせい》するようになった。

でも、そこに出《で》かける費用《ひよう》は、自分《じぶん》でまかなわなければいけない。

（トロフィーがふえるのはいいけど……）

お母《かあ》さんは、うれしい反面《はんめん》で心配《しんぱい》になった。ところが、詠一《えいいち》くんに強《つよ》いみかたがあらわれた。それは、お父《とう》さんだった。

「がんばりたいという気《き》もちがあるんだから、借金《しゃっきん》してでも、行《い》かせてやればいいじゃないか」

そのことばが、詠一《えいいち》くんに、大《おお》きな大《おお》きな勇気《ゆうき》をあたえてくれた。

みんなと同《おな》じであるためには、詠一《えいいち》くんには、インスリンの注射《ちゅうしゃ》が欠《か》かせない。でも、おなかがすいたら、ごはんを食《た》べるように、詠一《えいいち》くんは、インスリンを打《う》つ。

「一日《にち》、五本《ほん》の注射《ちゅうしゃ》が、ぼくの〝いのちのごはん〟なんだ。病気《びょうき》をくやんだってしかたがない。ぼくは、ぼくなんだから、ぼくに生《う》まれてよかった」

詠一《えいいち》くんは、心《こころ》のそこからそう思《おも》えるようになった。

《わたしとおなじ病気《びょうき》をもちながら、明《あか》るい笑顔《えがお》でがんばる詠一《えいいち》さん。あなたを見《み》て、わたしも、一生《いっしょう》けんめいに生《い》きようと思《おも》えるようになりました》

中学《ちゅうがく》三年生《ねんせい》の女《おんな》の子《こ》から、こんな手紙《てがみ》がとどいた。苦《くる》しくても、エアロビックをやってよかったと思《おも》った。

こんどは、エアロビックの一般部門《いっぱんぶもん》で、世界《せかい》一になること。これが、詠一《えいいち》くんの夢《ゆめ》だ。そして、もうひとつ、夢《ゆめ》がある。

「数学《すうがく》の先生《せんせい》になりたい。数学《すうがく》が大好《だいす》きだから。ぼくを変《か》えてくれた、小学《しょうがく》六年《ねん》のときの先生《せんせい》みたいに、人《ひと》の心《こころ》を思《おも》いやれる先生《せんせい》がいいね。そして、エアロビックで軽《かろ》やかに飛《と》んでおどれる……。そんな楽《たの》しい先生《せんせい》っていうのも、いいんじゃないかな」

夢《ゆめ》にむかって歩《ある》きつづける詠一《えいいち》くんは、これから先《さき》、何千本《なんぜんぼん》、いや、気《き》のとおくなるような数《かず》のインスリンを打《う》ちつづけなくてはならない。

でも詠一《えいいち》くんは、いつも、自分《じぶん》の心《こころ》にこう呼《よ》びかける。

「ぼくは、ぼくに生《う》まれてよかった」と。

＊このお話《はなし》は、大村詠一《おおむらえいいち》さんの小《しょう》・中学生時代《ちゅうがくせいじだい》を中心《ちゅうしん》に描《えが》きました。現在《げんざい》、詠一《えいいち》さんは熊本大学教育学部《くまもとだいがくきょういくがくぶ》に学《まな》び、もちろん、エアロビックでも数々《かずかず》の大会《たいかい》に出場《しゅつじょう》し、忙《いそが》しい日々《ひび》を元気《げんき》いっぱいに過《す》ごしています。〈作者より〉

第三話

星のたまご

ピンクのふうせん

朝《あさ》の光《ひかり》が大《おお》きなガラス窓《まど》からさしこんで、白《しろ》いかべにはねかえっている。

「秀《ひで》ちゃん、ゆうべは眠《ねむ》れた？」

お母《かあ》さんが、秀明《ひであき》くんのひたいにそっと手《て》をあてた。熱《ねつ》はそんなに高《たか》くない。

お母《かあ》さんは、ホッとした顔《かお》になった。

(学校《がっこう》へ行《い》きたい、友《とも》だちに会《あ》いたい)

病院《びょういん》のベッドで、五年生《ねんせい》の夏《なつ》をむかえた秀明《ひであき》くんは、かべにかざられた千羽《せんば》鶴《づる》をながめて、むねがキュッとなった。

「きょうも、あつい日《ひ》になりそうね」

お母《かあ》さんは、花《か》びんの水《みず》をかえようと立《た》ちあがった。すると、病室《びょうしつ》のガラス窓《まど》に、なにかがバタバタあたる音《おと》がする。見《み》ると、窓《まど》ぎわでピンクのふうせんがゆれている。病院《びょういん》のかべに、ふうせんの糸《いと》がからみついて、ガラス窓《まど》にあたっているらしい。

「秀《ひで》ちゃん、ほら、見《み》てごらん。ふうせん、ふうせんよ」

お母《かあ》さんの声《こえ》が、すきとおって病室《びょうしつ》にひびいた。

「ふうせん、だね……。だれか、知《し》らない子《こ》が、きっと、アレッと思《おも》ったら、空《そら》へ飛《と》んでったんだね」

ピンクのふうせんを、秀明《ひであき》くんは、じっと見《み》つめている。

(まるで秀《ひで》ちゃん、がんばれ、病気《びょうき》に負《ま》けるなって、そういってるみたい)

お母《かあ》さんには、そんな気《き》がした。ふうせんは、窓《まど》ぎわでしばらくゆれていたが、やがてピクンとおじぎをすると、夏《なつ》の空高《そらたか》く、まいあがっていった。

稲垣秀明《いながきひであき》くんは、一九八〇年《ねん》、長野県岡谷市《ながのけんおかやし》で生《う》まれた。運送会社《うんそうがいしゃ》でトラックの運転手《うんてんしゅ》をしているお父《とう》さんの輝明《てるあき》さんは、お母《かあ》さんと結婚《けっこん》してから長《なが》いあいだ、子《こ》どもができなかった。そして、ようやく待《ま》ちに待《ま》った赤《あか》ちゃんをさずかったとき、

「いやあ、男《おとこ》の子《こ》だ、男《おとこ》の子《こ》だ！」

お父《とう》さんのよろこびは、ひとしおだった。しかし、それもつかのま、生《う》まれて四か月《げつ》がたったころ、秀明《ひであき》くんのおなかが、ふつうの赤《あか》ちゃんにくらべ、はれていることがわかった。

病院《びょういん》に入院《にゅういん》してしらべてもらうと、血友病《けつゆうびょう》と診《しん》だんされた。

血友病《けつゆうびょう》というのは、血液《けつえき》をかたまらせて血《ち》を止《と》める因子《いんし》が不足《ふそく》するためにおこる病気《びょうき》で、軽《かる》くからだを打《う》ったり、ぶつかったりして出血《しゅっけつ》しても、血《ち》が止《と》まりにくくなってしまう。

秀明《ひであき》くんが、はいはいができるようになると、ひざから血《ち》がでたりして止《と》まらなくなった。お父《とう》さんは、病院《びょういん》の先生《せんせい》に相談《そうだん》した。

「ちょうどいいクスリができました。出血《しゅっけつ》を止《と》めるために、このクスリをつかいます」

病院《びょういん》の医師《いし》からすすめられたのは、ミドリ十字《じゅうじ》という製薬会社《せいやくがいしゃ》がつくったクスリだった。

(これで出血《しゅっけつ》しても、なんとかおさえることができる)

生《う》まれて九か月《げつ》ごろから、秀明《ひであき》くんは、病院《びょういん》でうでや太《ふと》ももなどに、その注射《ちゅうしゃ》を打《う》ってもらうようになった。

ところが、秀明《ひであき》くんが六歳《さい》になったとき、お父《とう》さんは、病院《びょういん》の先生《せんせい》から思《おも》いもかけないことをいわれた。

「これまで秀明《ひであき》くんには、出血《しゅっけつ》を止《と》めるための血液製剤《けつえきせいざい》を打《う》ってきましたが、そのなかにエイズのウイルスが入《はい》っていたのです」

「エ、イ、ズ、いったい、どういうことなんですか」

「お子《こ》さんは、エイズウイルスに感染《かんせん》（病気《びょうき》がうつること）しています」

病院《びょういん》の医師《いし》は、あくまで冷静《れいせい》に事実《じじつ》をつたえた。

（秀《ひで》ちゃんは、これからどうなってしまうんだろう）

おそろしさと悲《かな》しみが、一度《いちど》におしよせて、お父《とう》さんは、両手《りょうて》のこぶしをにぎりしめた。

なんということだろう――。「血友病《けつゆうびょう》に明《あか》るい未来《みらい》を！」と開発《かいはつ》されたそのクスリには、エイズウイルスが入《はい》っていたのだ。だが、お父《とう》さんは、そのクスリが危険《きけん》であることは、まるで知《し》らされていなかった。

いや、秀明《ひであき》くんばかりでなく、そのころ多《おお》くの血友病《けつゆうびょう》に苦《くる》しむ人《ひと》たちは、危《き》険《けん》なクスリとも知《し》らずに、この注射《ちゅうしゃ》に希望《きぼう》をつないだのだ。

見《み》あげる夜空《よぞら》

エイズがその姿《すがた》をあらわしたのは、秀明《ひであき》くんが、小学《しょうがく》三年生《ねんせい》のとき。冬休《ふゆやす》みがおわって、一週間《しゅうかん》くらいがすぎたころだった。

四〇度《ど》ちかい熱《ねつ》が何日《なんにち》もつづき、下痢《げり》がとまらなくなり、からだじゅうに赤《あか》い湿《しっ》しんができた。鼻血《はなぢ》がぽたぽたと流《なが》れだし、秀明《ひであき》くんは口《くち》からも血《ち》をはいた。

二月《がつ》のはじめ、岡谷市《おかやし》から三十分《ぷん》ほどのところにある総合病院《そうごうびょういん》に入院《にゅういん》した。しかし、この病院《びょういん》には、血友病《けつゆうびょう》にくわしい医師《いし》も、エイズにくわしい医師《いし》もいなかった。

日《ひ》がたつにつれて、秀明《ひであき》くんのからだはやせ細《ほそ》った。四年生《ねんせい》になっても、おんなじ状態《じょうたい》がつづき、入院《にゅういん》と退院《たいいん》をくりかえした。

七月《がつ》なかば、あつい日《ひ》だった。夕方《ゆうがた》、仕事《しごと》をすませたお父《とう》さんが、病院《びょういん》へかけつけた。

「いたいよお、いたいよお〜、たすけて、いたいよお〜」

高《たか》い熱《ねつ》と、からだじゅうのいたみに、秀明《ひであき》くんは、もがき苦《くる》しんでいた。

「いたみ止《ど》めも、きかないのよ。もう、おそろしい……。かわいそうで、かわいそうで……」

秀明《ひであき》くんのからだをさすりながら、お母《かあ》さんが泣《な》きだした。

(もう、ここにいたら、たいへんなことになる)

お父《とう》さんは、きっぱりと心《こころ》にきめた。

つぎの日《ひ》。お父《とう》さんのクルマで秀明《ひであき》くんは、東京《とうきょう》へむかった。

五時間《じかん》ほどで、東京《とうきょう》の病院《びょういん》についた。エイズの治《ち》りょうで知《し》られている、東京《とうきょう》の大学病院《だいがくびょういん》だった。

つぎの日《ひ》から、さまざまな検査《けんさ》がおこなわれた。そして、秀明《ひであき》くんの頭《あたま》のなかに、悪性《あくせい》のリンパ腫《しゅ》ができていることがわかった。

「ちょっと、こちらへつれてこられるのが、おそすぎましたね」

お父《とう》さんは、ぼうぜんとして医師《いし》を見《み》つめるしかなかった。

「こういうことをいうのは、とてもつらいんですが、お父《とう》さんには、お話《はな》ししておいたほうが……。とにかくお子《こ》さんは、いま最悪《さいあく》の状態《じょうたい》をむかえています」

「そ、それじゃ……、あの子《こ》は……」

「あと、一か月《げつ》か、二か月《げつ》しかもたない……。ざんねんですが、いまの状態《じょうたい》からみて、そうもうしあげるしかありません」

お父《とう》さんは、自分《じぶん》の顔《かお》が青《あお》ざめていくのを感《かん》じた。それから、どこをどのようにして歩《ある》いたのかわからないまま、気《き》がつくと病院《びょういん》の外《そと》に出《で》ていた。

（なんということだ……。秀明《ひであき》のいのちが、あと……、二か月《げつ》だとは……。ゆるしてくれえ、秀明《ひであき》！　お父《とう》さんが、もっともっと早《はや》く、おまえを東京《とうきょう》へつれてくればよかったんだ）

病院《びょういん》の庭《にわ》の木《き》のみきを両手《りょうて》でたたいて、お父《とう》さんは、ひとりで泣《な》いた。

それから悪性《あくせい》のリンパ腫《しゅ》は、秀明《ひであき》くんのからだの、あちこちでさわぎだした。それは、まるでナメクジのように、からだじゅうをはいまわった。ものすごいいたみと高《たか》い熱《ねつ》に、秀明《ひであき》くんは、ぐったりとなった。

そして、秀明《ひであき》くんの四年生《ねんせい》は、とうとう一日《にち》も学校《がっこう》へ行《い》けずにおわった。

季節《きせつ》はいくつもめぐり、秀明《ひであき》くんは、十二歳《さい》になった。病院《びょういん》の医師《いし》から、あと一～二か月《げつ》のいのちといわれたことを思《おも》えば、それは奇跡《きせき》というほかなかった。

六月《がつ》も、あと三日《みっか》でおしまいだ。

その夜《よ》、お父《とう》さんは、主治医《しゅじい》の先生《せんせい》によばれた。

(もっと、おそろしいことが、待《ま》っているんだろうか)

病院《びょういん》のろうかを歩《ある》くお父《とう》さんは、のどがしきりにかわいた。

「またつらいことをいいますが、いまの状態《じょうたい》からみて、秀明《ひであき》くんは、もう家《うち》に帰《かえ》ることができないかもしれません」

「もう、二度《にど》とですか」

「ですから、いまのうちに、ふるさとの山《やま》を見《み》せてあげてください」

「……わかりました」

なみだをぐっとこらえて、お父《とう》さんはうなずいた。

七月《がつ》三日《みっか》、秀明《ひであき》くんは、ちょうど二年《ねん》ぶりに、ふるさとにむかった。学校《がっこう》に行《い》っていれば、六年生《ねんせい》の秀明《ひであき》くんは、小学《しょうがく》一年生《ねんせい》ぐらいの身長《しんちょう》しかない。血液《けつえき》製剤《せいざい》を小《ちい》さいころから打《う》ったために、からだの成長《せいちょう》が止《と》まってしまったということだった。

その小《ちい》さなからだに、点滴《てんてき》のチューブをつけた秀明《ひであき》くんは、ワゴン車《しゃ》のうしろに乗《の》った。シートをたおすと、ちょうどベッドのようになる。横《よこ》たわった秀《ひで》明《あき》くんのとなりに、お母《かあ》さんがすわった。

「それじゃ、秀《ひで》くん、思《おも》いっきり、ふるさとの空気《くうき》をすってくるのよ」

お世話《せわ》になっている看護婦《かんごふ》さんが三人《にん》、見《お》おくってくれた。お父《とう》さんが運転《うんてん》するワゴン車《しゃ》は、西《にし》にむかってふるさとをめざす……。

夏《なつ》の空《そら》は、青《あお》く晴《は》れて、白《しろ》い雲《くも》がとんでゆく。ワゴン車《しゃ》は高速道路《こうそくどうろ》をひた走《はし》り、やがて長野県《ながのけん》に入《はい》った。

「おい、秀明《ひであき》、長野《ながの》だ、長野《ながの》に入《はい》ったぞ。ほーら、きれいだな。むこうの山々《やまやま》が」

お父《とう》さんが、わざと声《こえ》をはずませた。緑《みどり》のぼうしをかぶったような信州《しんしゅう》の山々《やまやま》が、秀明《ひであき》くんの瞳《ひとみ》にしみた。それから、秀明《ひであき》くんはうとうとねむりはじめた。

ワゴン車《しゃ》は、軽《かろ》やかな音《おと》をたてて走《はし》っている。

夕《ゆう》やみが、ワゴン車《しゃ》の窓《まど》にたちこめはじめた。とおくの山《やま》の頂《いただき》に、まっかな太陽《たいよう》が沈《しず》みかけようとしている。ワゴン車《しゃ》は、オレンジ色《いろ》の光《ひかり》をさんさんとうけて走《はし》る。目《め》をさました秀明《ひであき》くんは、ただ、だまって夕日《ゆうひ》を見《み》つめていた。

日《ひ》はとっぷりと暮《く》れた。ワゴン車《しゃ》は、諏訪湖《すわこ》のほとりをゆっくりとすぎる。

「あと三十分《ぷん》くらいでな、家《うち》につくよ」

お父《とう》さんは、しせいを直《なお》してハンドルをにぎりしめた。

「お父《とう》さん、星《ほし》、星《ほし》がきれいだよ」

しばらくすると、秀明《ひであき》くんが、かぼそい声《こえ》でいった。お父《とう》さんは、町《まち》はずれの道《みち》で、ワゴン車《しゃ》をとめた。

クルマの窓《まど》から見《み》あげる夜空《よぞら》には、すきとおるような光《ひかり》をたたえた星《ほし》たちが、またたいている。

「まるで、雪《ゆき》の結晶《けっしょう》をちりばめたみたい」

シートをたおしたお母《かあ》さんが、あおむきになっていった。

「あっ、ほら、流《なが》れ星《ぼし》だ！」

秀明《ひであき》くんのかぼそい声《こえ》に、少《すこ》し力《ちから》がこもった。

「流《なが》れ星《ぼし》って、星《ほし》のたまごなんだって。いつか、先生《せんせい》がいってた」

「へえーっ、星《ほし》のたまご。おもしろい、いいかただな」

お父《とう》さんが、また空《そら》を見《み》あげた。すると、お母《かあ》さんも空《そら》を見《み》あげながらいった。

「流《なが》れ星《ぼし》にね、ねがいごとをすると、かなうんだって」

「ふーん、ねえ、どうして？」

秀明《ひであき》くんが、お母《かあ》さんのほうをむいてたずねた。

「あのね、遠《とお》いとおい昔《むかし》の話《はなし》なんだけど、この天体《てんたい》をつかさどってる女神《めがみ》さまがね、ちょっとたいくつしちゃって、御殿《ごてん》の窓《まど》をあけて外《そと》をながめていたんだって。すると、女神《めがみ》さまの子《こ》どもたち、それはたくさんいるのよ、そう星《ほし》のたまごが……、そのなかのいたずらっ子《こ》が、スッと窓《まど》からとびだしたんよ」

「そのいたずらっ子《こ》が、流《なが》れ星《ぼし》なんだね」

「そうなの、それでね、女神《めがみ》さまは、窓《まど》から顔《かお》をだして、〝ねえ、もどってらっしゃい〟ってさけんだの。流《なが》れ星《ぼし》が見《み》えるときは、女神《めがみ》さまが顔《かお》をだしているでしょ。だから、そのあいだに、ねがいごとをすると、かなうってわけなの」

「へえーっ、お母《かあ》さんは、もの知《し》りなんだね」

秀明《ひであき》くんは、感心《かんしん》しながらお母《かあ》さんをながめた。

(流《なが》れ星《ぼし》とねがいごとか……)

お父《とう》さんは、むねの中《なか》でそっとつぶやいた。そして、お父《とう》さんとお母《かあ》さんの心《こころ》にむすばれたねがいごと、それは、たったひとつしかなかった。

せ、ん、せ、い

五日間《いつかかん》を、ふるさとですごした秀明《ひであき》くんは、また東京《とうきょう》の病院《びょういん》にもどった。

その夜《よ》、はげしいいたみが、秀明《ひであき》くんを苦《くる》しめた。つぎの日《ひ》は、全身《ぜんしん》にけいれんがおこり、それから一週間《しゅうかん》ほど、秀明《ひであき》くんは、ほとんど意識《いしき》がなくなった。

病院《びょういん》の医師《いし》たちは、全力《ぜんりょく》をあげて、あらゆる治《ち》りょうをこころみた。

しかし、風《かぜ》が秋《あき》の気配《けはい》にかわりはじめたころから、秀明《ひであき》くんの右《みぎ》の目《め》の視力《しりょく》

（目《め》のはたらき）がおちてきた。そして十一月《がつ》になると、右《みぎ》の目《め》はまるで見《み》えなくなった。

秀明《ひであき》くんのとなりの病室《びょうしつ》に、二十歳《はたち》になったばかりの青年《せいねん》が、病気《びょうき》とたたかっていた。

秀明《ひであき》くんとおなじ血友病《けつゆうびょう》で、やはり非加熱《ひかねつ》の血液製剤《けつえきせいざい》がつかわれたため、エイズにおかされていた。

その青年《せいねん》は、だんだん病気《びょうき》がすすんで、ウイルスが脳《のう》をおかすエイズ脳症《のうしょう》にかかっていた。

「ウオーッ、ウー、ギャーッ」

ときどき、その苦《くる》しみもがくさけび声《ごえ》が、しずかな病棟《びょうとう》にひびいた。かべをへだてた秀明《ひであき》くんの部屋《へや》にも、そのさけび声《ごえ》がつたわってきた。まるで、ライオンがうなり声《ごえ》をあげているようだ。

(となりのお兄《にい》さんも、一生《いっしょう》けんめいに、病気《びょうき》とたたかっている。神《かみ》さま、どうか、少《すこ》しでも……、楽《らく》にしてあげてください)

顔《かお》も知《し》らないお兄《にい》さんだった。けれど秀明《ひであき》くんは、両手《りょうて》をあわせ、まぶたをとじると、長《なが》いあいだ、お祈《いの》りをつづけた。

その夜《よる》も、秀明《ひであき》くんは、また高《たか》い熱《ねつ》にうなされていた。けいれんがおそい、手《て》や足《あし》がこきざみにふるえた。

ベッドの上《うえ》の置《お》き時計《どけい》が、もうすぐ午前零時《ごぜんれいじ》をさそうとしている。お父《とう》さんは、ひたすら秀明《ひであき》くんの手《て》や足《あし》をさすっていた。深夜《しんや》の病院《びょういん》は、ぶきみなくらいにしずかだ。

「ウオーッ、ギャー、ウ、ウオーッ」

とつぜん、あのさけび声《ごえ》がひびいた。お父《とう》さんの顔《かお》が悲《かな》しげにゆがんだ。高《たか》い熱《ねつ》でもうろうとしながら、秀明《ひであき》くんは目《め》をつぶったまま、むねの上《うえ》で両手《りょうて》をあわせている。そして細《ほそ》く目《め》をあけると、かすかな声《こえ》でいった。

「お、お父《とう》さん、となりの、お、お兄《にい》さんのところへいって……、お祈《いの》り、お祈《いの》り……、してあげてよ」

秀明《ひであき》くんは、また目《め》をつぶると両手《りょうて》をあわせた。

（自分《じぶん》も苦《くる》しいのに……、この子《こ》は、となりの人《ひと》のことも、思《おも》いやっている）

お父《とう》さんは、そっとろうかに出《で》ると、となりの病室《びょうしつ》のドアをあけた。青年《せいねん》は、まだもがき苦《くる》しんでいる。お父《とう》さんは、部屋《へや》のすみにひざまずくと、両手《りょうて》をあわせて祈《いの》った。そして、足音《あしおと》をしのばせて、秀明《ひであき》くんのところへもどった。

「お父《とう》さん、一生《いっしょう》けんめいに、お祈《いの》りしてきたよ。お祈《いの》りしてきたよ」

そのことばを聞《き》いて、秀明《ひであき》くんの瞳《ひとみ》がやわらかな光《ひかり》をたたえて、お父《とう》さんを見《み》つめた。

病院《びょういん》のいちょうの葉《は》が、黄色《きいろ》くそまりはじめた。

秀明《ひであき》くんのからだは、日《ひ》ごとに弱《よわ》っていった。しゃべる力《ちから》がなくなり、こんこんとねむりつづけるようになった。おなかだけが、ぱんぱんにふくらんで、全身《ぜんしん》が土《つち》の色《いろ》のようになった。

お母《かあ》さんがタオルで背中《せなか》をふこうとすると「いたいよぉ、いたいよぉ」と、秀明《ひであき》くんは声《こえ》をあげる。がまんづよい秀明《ひであき》くんも、いたみにたえかねるようになった。

そしてねむりからさめると、病室《びょうしつ》の天井《てんじょう》をじっと見《み》つめた。

「ああ……、おばけがとんでる。おばけがとんでる。ほ、ほら、いる、いるよ、そこに」

やっとのことであげた秀明《ひであき》くんの両手《りょうて》が、宙《ちゅう》をふりはらった。

(この子《こ》を、どこまで苦《くる》しめれば、この病気《びょうき》は、おとなしくなってくれるのか)

お父《とう》さんも、お母《かあ》さんも、気《き》がくるいそうになった。

病室《びょうしつ》のかべにかけられたカレンダーは、さいごの一枚《まい》になった。

午後三時《ごごじ》ちかく、担任《たんにん》の山崎由里子先生《やまざきゆりこせんせい》が、お見《み》まいにきてくれた。

「秀《ひで》くん、秀《ひで》くん、先生《せんせい》よ。山崎先生《やまざきせんせい》がね、来《き》てくださったんだよ」

お母《かあ》さんが、秀明《ひであき》くんの耳《みみ》もとで呼《よ》びかけた。けれど、目《め》をあける力《ちから》もないほど、秀明《ひであき》くんはぐったりしている。

「ごめんね、秀《ひで》くん、先生《せんせい》ね、もっと早《はや》くにお見《み》まいにこよう、こようと思《おも》ってたんだけど、なかなかこれなくて、ごめんね」

山崎先生《やまざきせんせい》が、秀明《ひであき》くんにほほえみかけた。

「このごろ、意識《いしき》がもうろうとするようになりましてね。わたしの顔《かお》も、ときどきわからないことがあるんです」

お母《かあ》さんがそういって、先生《せんせい》にいすをすすめた。それから先生《せんせい》は、学校《がっこう》のことやクラスの友《とも》だちのことを、秀明《ひであき》くんに聞《き》こえるように、大《おお》きな声《こえ》で話《はな》した。話《はな》しながら先生《せんせい》の声《こえ》は、だんだんふるえて小《ちい》さくなった。

一時間《じかん》ほどして、先生《せんせい》は帰《かえ》ることになった。病室《びょうしつ》のドアをあけようとしたときだった。秀明《ひであき》くんの右手《みぎて》が、ふるえながら先生《せんせい》のほうにのびた。

「せ、ん、せ……、い」

からだの中《なか》からふりしぼるような声《こえ》が、秀明《ひであき》くんの口《くち》からもれた。そして、それが秀明《ひであき》くんのさいごのことばとなった。

生《う》まれかわっておいで

つぎの日《ひ》の朝《あさ》から、秀明《ひであき》くんは、意識《いしき》がまるでなくなった。お父《とう》さんとお母《かあ》さんは、ぴったりとベッドによりそって、秀明《ひであき》くんを見《み》まもった。

そして、十二月《がつ》十五日《にち》の朝《あさ》をむかえた。

秀明《ひであき》くんのからだは、まっ黄色《きいろ》にかわっていた。目《め》もまっ黄色《きいろ》になり、ただぼんやりと一点《てん》を見《み》ている。大《おお》きくふくれたおなかには、青《あお》くいくすじもの静脈《じょうみゃく》がうきでている。おしっこも、ぴたりと止《と》まった。

「秀《ひで》くん、ひでくーん！」

お母《かあ》さんが、なんども呼《よ》びかけたが、まるで反応《はんのう》がない。夜《よる》になると、秀明《ひであき》くんの心《しん》ぞうの力《ちから》が、ほとんどなくなった。息《いき》をするのもやっとだった。そして、呼吸《こきゅう》が、少《すこ》しずつおとろえていった。

一九九二年《ねん》（平成《へいせい》四年《ねん》）十二月《がつ》十五日《にち》、午後《ごご》八時《じ》三十七分《ふん》――、稲垣秀明《いながきひであき》くんは、十二年間《ねんかん》のみじかいいのちを生《い》きて、天国《てんごく》に旅立《たびだ》った。

秀明《ひであき》くんのお葬式《そうしき》がおこなわれたとき、お父《とう》さんは、

「わたしの息子《むすこ》は、エイズで亡《な》くなりました」

と、みんなのまえでいえなかった。それはどうしてだろうか。

秀明《ひであき》くんが亡《な》くなったころ、わたしたちの社会《しゃかい》には、エイズにたいして、かたよった見方《みかた》をしてしまうきらいがあった。血友病《けつゆうびょう》でエイズになった人《ひと》たちを、たいへんな目《め》にあわされたと頭《あたま》の中《なか》でわかったつもりでも、いざ、その人《ひと》たちを目《め》のまえにすると、わたしたちには関係《かんけい》のないことだと、遠《とお》ざけてしまう人《ひと》たちがいたからだ。

しかし、お父《とう》さんは、ほんとうはこういいたかった。

「わたしにとって、たったひとりの子《こ》どもは、血友病《けつゆうびょう》をなおしてくれるという注射《ちゅうしゃ》を打《う》たれてエイズになり、そして死《し》にました。いや、殺《ころ》されました」と――。

お父《とう》さんとお母《かあ》さんは、秀明《ひであき》くんが元気《げんき》だったころの写真《しゃしん》を見《み》るたびに、くやしさと怒《いか》りと、そして悲《かな》しみが、からだじゅうでまぜあわさったようになる。

「神《かみ》さまに、質問《しつもん》があります。わたしの子《こ》どもは、この地球《ちきゅう》という星《ほし》に、苦《くる》しむために生《う》まれてきたのですか？」

「神《かみ》さま、どうか、教《おし》えてください」

お父《とう》さんは、空《そら》にむかって聞《き》いてみる。でも、答《こた》えはかえってこない。そのたびに、お父《とう》さんは、こう思《おも》う。

(秀明《ひであき》は、一生《いっしょう》けんめいに生《い》きた。そしてわたしに、お母《かあ》さんに、他人《たにん》への思《おも》いやりの心《こころ》が、どんなに大切《たいせつ》かを教《おし》えてくれた。エイズになって、たった十二年《ねん》しか生《い》きられなかったけれど、人《ひと》のいのちの尊《とうと》さを、しずかに教《おし》えてくれた)

お父《とう》さんはそのことを、これからもひとりでも多《おお》くの人《ひと》に、つたえていかなければと思《おも》う。

秀明《ひであき》くんが亡《な》くなって、二年《ねん》がたったとき、お父《とう》さんは、天国《てんごく》にあてて、みじかい手紙《てがみ》を書《か》いた。

秀《ひで》くんが〝みたま〟となって、もう二年《ねん》になるよ。お父《とう》さんもお母《かあ》さんも、毎日《まいにち》、秀《ひで》くんのことを思《おも》いながら、生《い》きているよ。

あんなつらい、悲《かな》しい思《おも》いをさせて、ほんとうにごめんね、ゆるしてくれよな。あの病気《びょうき》とのたたかいは、この世《よ》の地《じ》ごくだったね。

秀《ひで》くん、牛乳《ぎゅうにゅう》も飲《の》みたかっただろうな。ジュースも飲《の》みたかっただろうな。

秀《ひで》くん、よく、がんばったな。

秀《ひで》くん、あんなに、いたく、苦《くる》しく、つらいことは、もう、やだよなあ。こんどこそ、だれよりもじょうぶなからだで、早《はや》く生《う》まれかわってくるんだよ。

秀《ひで》くんが生《う》まれかわってくるのを、お父《とう》さんは、いつまでも待《ま》っているよ。

信州《しんしゅう》の山々《やまやま》に、初雪《はつゆき》がふった。

冬《ふゆ》の夜空《よぞら》に、星《ほし》がちかちかとまたたいている。空高《そらたか》くオリオン座《ざ》、その下《した》にひときわシリウス星《せい》が光《ひか》っている。

あの夏《なつ》の日《ひ》。

ワゴン車《しゃ》の窓《まど》から、三人《にん》でながめた星《ほし》の夜《よる》を、お父《とう》さんはときどき思《おも》いだす。

あの日《ひ》から、お父《とう》さんは、星《ほし》を見《み》るのが好《す》きになった。

「流《なが》れ星《ぼし》って、星《ほし》のたまごなんだって」

お父《とう》さんの耳《みみ》に、秀明《ひであき》くんのやさしい声《こえ》がひびいてくる。

「星《ほし》のたまごか、星《ほし》のた、ま、ご……」

お父《とう》さんは、いくどもつぶやいて、冬《ふゆ》の夜空《よぞら》を見《み》あげた。

第四話

父ちゃん、生きて!!

アパートの前《まえ》の花《か》だんで、カンナとひまわりが、さすがのあつさに、うなだれている。

夏休《なつやす》みに入《はい》って三日《みっか》め。お昼《ひる》すぎ。

「ねえ、母《かあ》ちゃん、そろそろできてるよね」

外《そと》へあそびに行《い》っていた次男《じなん》の幸太《こうた》くん（八歳《さい》）が、玄関《げんかん》のドアをあけるなり、大《おお》きな声《こえ》でさけんだ。

「うーん、ちょうどいいころかな」

台所《だいどころ》から、母《かあ》ちゃんの明《あか》るい声《こえ》がかえってきた。幸太《こうた》くんは、バタバタと台所《だいどころ》に走《はし》ってくると、冷《れい》ぞう庫《こ》からプラスチック容器《ようき》をとりだした。

「わーっ、できてる、できてる」

幸太《こうた》くんの瞳《ひとみ》が大《おお》きくなって、いっぺんにかがやいた。三《みっ》つの容器《ようき》には、それぞれ赤《あか》、緑《みどり》、オレンジのゼリーが、色《いろ》あざやかにつまっている。きょうの朝《あさ》、母《かあ》ちゃんに手《て》つだってもらって、幸太《こうた》くんが心《こころ》をこめてつくったゼリーだ。

「これぇ、父《とう》ちゃん、好《す》きだったもんな。うまいって、いってくれるかなあ」

ひとりごとをつぶやきながら、幸太《こうた》くんは、ゼリーを一つ、小《ちい》さなお皿《さら》にのせた。台所《だいどころ》のすぐとなりにある部屋《へや》に、父《とう》ちゃんの遺影《いえい》（亡《な》くなった人《ひと》の写真《しゃしん》）がかざられている。

「父《とう》ちゃん、これぇ、ぼくがつくったんだぞ」

幸太《こうた》くんは、ちょっぴりほこらしげな顔《かお》になって、遺影《いえい》の前《まえ》にゼリーをそなえた。

すると、玄関《げんかん》のほうで、また元気《げんき》な足音《あしおと》がひびいて、三人《にん》の男《おとこ》の子《こ》たちがかけこんできた。

いちばん上《うえ》の兄《あに》、智明《ともあき》くん（十歳《さい》）、三ばんめに生《う》まれた史明《ふみあき》くん（六歳《さい》）、そして末《すえ》っ子《こ》の裕太《ゆうた》くん（四歳《さい》）だ。

「うわーい、ゼリーだ、ゼリーだ！　父《とう》ちゃんの好《す》きだったゼリーだ、ゼリーだ！」

遺影《いえい》の前《まえ》で、四人《にん》きょうだいの声《こえ》がはずむ。そんな四人《にん》の子《こ》どもたちをながめていると、母《かあ》ちゃんのむねは、しめつけられたようになる。

そして、三か月《げつ》まえの夫《おっと》の死《し》が、母《かあ》ちゃんにはうそのように思《おも》えてくる。

一年《ねん》まえの四月《がつ》はじめ――。中居《なかい》さん一家《いっか》は、それまで住《す》んでいた群馬県《ぐんまけん》の町《まち》から、神奈川県《かながわけん》の小田急線沿《おだきゅうせんぞ》いにある町《まち》のアパートに引《ひ》っこしてきた。

四人《にん》の子《こ》どもたちの父《ちち》、良平《りょうへい》さんの病気《びょうき》をなおすためだった。良平《りょうへい》さんのからだは、とてもむずかしい病気《びょうき》におかされていた。そして、母《かあ》ちゃんの典子《のりこ》さ

ん、四人《にん》の子《こ》どもたちの「父《とう》ちゃん、生《い》きて!!」の祈《いの》りもとどくことなく、良平《りょうへい》さんは、天国《てんごく》に旅立《たびだ》っていった。あと五日《いつか》で、父《とう》ちゃんは、四十歳《さい》の誕生日《たんじょうび》をむかえるところだった。

青天《せいてん》のへきれき

父《とう》ちゃんと母《かあ》ちゃんが、やけどをしそうなほど、あつあつの恋《こい》をして結婚《けっこん》したのは、十年《ねん》ほど前《まえ》の春《はる》もはじめのこと。

それから、二年《ねん》ごとに赤《あか》ちゃんがさずかり、母《かあ》ちゃんの典子《のりこ》さんは、それこそ目《め》のまわるいそがしさ。落《お》ちついて、ごはんを食《た》べるひまもないほどだった。

父《とう》ちゃんの良平《りょうへい》さんは、建設会社《けんせつがいしゃ》のエンジニア（技師《ぎし》）として、一生《いっしょう》けんめいにはたらいていた。つぎつぎと四人《にん》の男《おとこ》の子《こ》が生《う》まれ、そのにぎやかな声《こえ》が、いつも中居《なかい》さんちにあふれていた。

ところが、末《すえ》っ子《こ》の裕太《ゆうた》くんが、まもなく一歳《さい》になるころだった。

「このごろね、なんだか、からだがだるくてしかたがないんだ。顔色《かおいろ》、わるいかな」

めったに弱音《よわね》をはいたことのない父《とう》ちゃんが、典子《のりこ》さんを見《み》つめていった。

「ここんとこ、はたらきすぎじゃない！　たまには、早《はや》く帰《かえ》って、からだ、休《やす》めたほうがいいんじゃないかしら」

そのとき、典子《のりこ》さんは、良平《りょうへい》さんのからだが、たいへんなことになっているとは思《おも》いもかけなかった。

良平《りょうへい》さんが、三十五歳《さい》の誕生日《たんじょうび》をむかえて、少《すこ》したったころだった。学生時代《がくせいじだい》、サッカーの選手《せんしゅ》で、じょうぶなからだがじまんだった父《とう》ちゃんが、急《きゅう》にやせはじめた。うでや足《あし》が細《ほそ》くなって、はめているうで時計《どけい》が、ぐるぐるまわるようになった。

「やっぱり、なんかへんだわよ」

母《かあ》ちゃんがいいだして、父《とう》ちゃんは、近《ちか》くの病院《びょういん》でみてもらった。

「白血球《はっけっきゅう》が、ふつうの人《ひと》よりずいぶんふえていますが、通院《つういん》してクスリを飲《の》めばよくなりますよ」

その医師《いし》のことばを信《しん》じて、父《とう》ちゃんは、会社《かいしゃ》へ出《で》かけた。

しかし、つぎの年《とし》のクリスマスの日《ひ》。父《とう》ちゃんと母《かあ》ちゃんは、病院《びょういん》の医師《いし》からこうつげられた。

「ご主人《しゅじん》の病気《びょうき》は、急性骨《きゅうせいこつ》ずい性白血病《せいはっけつびょう》とわかりました。つまり、血液《けつえき》のがんということになります」

なんということだろう。父《とう》ちゃんは、ぽかんとしたようすで、窓《まど》のほうを見《み》ている。母《かあ》ちゃんも、なにがなんだかわからない。すると、黒《くろ》ぶちのまるいメガネをかけた医師《いし》は、さらにこういった。

「いいですか、きびしいことをいいますが、あと、三年《ねん》のいのちと考《かんが》えてください。助《たす》かる道《みち》は、骨《こつ》ずい移植《いしょく》しかありません」

あと……、三年《ねん》のいのち――、まさに、青天《せいてん》のへきれきだった。〝へきれき〟というのは、雷《かみなり》のこと。まっさおに晴《は》れわたった空《そら》にとつぜん、雷《かみなり》がなりひびくことだ。

とても信《しん》じられないことだったが、この日《ひ》から、中居《なかい》さんの家族《かぞく》は、病気《びょうき》とのたたかいをはじめることになった。

わたしたちの、いのちのもとである血液《けつえき》は、骨《こつ》ずいというところでつくられる。ところが、この血液《けつえき》をつくる道《みち》すじで、白血球細胞《はっけっきゅうさいぼう》が、がんにおかされて、それがどんどんふえてしまうのだ。

わたしたちのからだは、外《そと》から細菌《さいきん》が入《はい》ってくると、白血球《はっけっきゅう》が活《かつ》やくして、細菌《さいきん》をやっつけてくれる。けれど、この白血球《はっけっきゅう》ががんにおかされているから、細菌《さいきん》をやっつける力《ちから》が、だんだんなくなってしまうのだ。そして、わるい性質《せいしつ》をもった白血球細胞《はっけっきゅうさいぼう》が、血液《けつえき》の流《なが》れとともにからだの中《なか》をめぐるため、いろいろな病気《びょうき》にかかりやすくなってしまう。そのため、いのちにかかわることもめずらしくないといわれるむずかしい病気《びょうき》が白血病《はっけつびょう》なのだ。


でも、父《とう》ちゃんのいのちが助《たす》かる道《みち》は、たったひとつ。それは、骨《こつ》ずい移植《いしょく》という方法《ほうほう》……。

ちょっとむずかしい説明《せつめい》になるけれど、骨《こつ》ずいというのは、かたい骨《ほね》のことではありません。こしやむねの骨《ほね》の中《なか》にある、やわらかいゼリーのようなところ。ここで、血液《けつえき》がつくられるのだ。

しかし、父《とう》ちゃんの骨《こつ》ずい液《えき》の中《なか》の白血球《はっけっきゅう》は、がんにおかされている。そこで、健康《けんこう》な人《ひと》の骨《こつ》ずい液《えき》を、父《とう》ちゃんのからだに入《い》れれば、病気《びょうき》がなおる可能《かのう》性《せい》が高《たか》いのだ。

でも、だれの骨《こつ》ずい液《えき》でもいいかというと、そうはいかない。骨《こつ》ずい液《えき》の中《なか》の白血球《はっけっきゅう》にもいろんな型《かた》があって、父《とう》ちゃんの白血球《はっけっきゅう》とおなじ型《かた》でなければ、骨《こつ》ずい移植《いしょく》はせいこうしない。

そして、この白血球《はっけっきゅう》の型《かた》がぴったりいっちするのは、きょうだいの場合《ばあい》、四人《にん》にひとり。親子《おやこ》では、きわめてまれにしかいっちしないといわれているのだ。

そこで父《とう》ちゃんの両親《りょうしん》、ふたりの兄《あに》、そして四人《にん》の子《こ》どもたちが、血液《けつえき》をしらべる検査《けんさ》をうけた。

「だれかが……、どうか、おんなじ型《かた》であってくれますように」

母《かあ》ちゃんは、ただひたすら祈《いの》った。けれどざんねんなことに、だれも、ぴったりいっちしないことがわかった。

見《み》つからない答《こた》え

（父《とう》ちゃんの、〝いのちのろうそく〟が、じりじりと、みじかくなっていく……）

母《かあ》ちゃんは、いたたまれない気《き》もちだった。

こうして、二年《ねん》の月日《つきひ》がながれた。

その朝《あさ》、ベランダで洗《せん》たくものを干《ほ》したあと、母《かあ》ちゃんは、なにげなくテレビをつけた。すると、アナウンサーのこんな声《こえ》がひびいてきた。

《白血病《はっけつびょう》の治《ち》りょうで、白血球《はっけっきゅう》の型《かた》が不適合《ふてきごう》の親《おや》から子《こ》への骨《こつ》ずい移植《いしょく》がせい

こうしました》

母《かあ》ちゃんは思《おも》わず両手《りょうて》で目《め》をこするると、テレビをくいいるように見《み》つめた。

その移植《いしょく》をおこなったのは、神奈川県伊勢原市《かながわけんいせはらし》にある大学病院《だいがくびょういん》だった。そして、くわしくしらべてみると、子《こ》どもから親《おや》への移植《いしょく》も、白血球《はっけっきゅう》の型《かた》がいくらか似《に》ている場合《ばあい》は、だいじょうぶだということがわかった。

(とにかく、検査《けんさ》をうけてみるしかない)

四人《にん》の子《こ》どもたちをつれて、父《とう》ちゃんと母《かあ》ちゃんは、群馬《ぐんま》の町《まち》からこの病院《びょういん》にやってきた。そして、検査《けんさ》の結果《けっか》、長男《ちょうなん》の智明《ともあき》くんが、父《とう》ちゃんの白血球《はっけっきゅう》の型《かた》にいちばん近《ちか》いことがわかった。

しかし、父《とう》ちゃんの良平《りょうへい》さんには、ひとつのためらいがあった。

それは、智明《ともあき》くんが、まだ九歳《さい》であることだった。これまで日本《にほん》では、十五歳以下《さいいか》の子《こ》どもからの骨《こつ》ずい移植《いしょく》は、おこなわれたことがなかった。

（まだ、九歳《さい》の……、小《ちい》さなむすこのからだを傷《きず》つけてまで、移植《いしょく》をしなければならないのだろうか……）

父《とう》ちゃんは、くる日《ひ》もくる日《ひ》も考《かんが》えた。けれど、その答《こた》えは、なかなか見《み》つからなかった。

三月《がつ》もはじめだというのに、外《そと》はしんしんと冷《ひ》えて、ときどき、雪《ゆき》がまっている。

「みんな、ちょっと話《はな》したいことがあるんだ」

夕食《ゆうしょく》のあと、父《とう》ちゃんが、いつになくまじめな顔《かお》でいった。四人《にん》きょうだいが、食卓《しょくたく》のまわりにあつまった。でも、父《とう》ちゃんは、だまりこんだままだ。

（どうしたんだ、父《とう》ちゃん!?）

智明《ともあき》くんが、そういおうとしたときだった。

「ずーっとな、いつ話《はな》そうかと思《おも》ってたんだけど……、父《とう》ちゃんな、白血病《はっけつびょう》っていう病気《びょうき》なんだ。だれかから、骨《こつ》ずいというものをもらわないと、あと何年《なんねん》も生《い》きられないかもしれないんだ」

父《とう》ちゃんは、ひとりひとりの顔《かお》を、かわるがわるに見《み》つめながらいった。幸《こう》太《た》くんも、史明《ふみあき》くんも、まばたきもしないで、父《とう》ちゃんを見《み》つめている。遠《とお》くで、犬《いぬ》のほえる声《こえ》がする。母《かあ》ちゃんは、いまにも泣《な》きだしそうな顔《かお》だ。すると、大《おお》きく見《み》ひらいた目《め》をうるませながら、幸太《こうた》くんがさけんだ。

「父《とう》ちゃん、死《し》んじゃいやだ。ぜったい死《し》んじゃいやだ！」

「いやだ、いやだ、いやだ！」

まだ三歳《さい》になったばかりの裕太《ゆうた》くんが、泣《な》きべそをかきながらくりかえした。いちばん上《うえ》の兄《あに》、智明《ともあき》くんは、じっと、くちびるをかみしめている。その目《め》から、大《おお》つぶのなみだがあふれた。

「父《とう》ちゃん、生《い》きてえ……。おねがいだから、生《い》きて……。ぼくの骨《こつ》ずいをあげるから」

鼻《はな》をすすりあげながら、智明《ともあき》くんが、おなかのそこからふりしぼるような声《こえ》をあげた。父《とう》ちゃんの背中《せなか》が、小《ちい》さくふるえていた。

光《ひか》る海《うみ》

(自分《じぶん》が生《い》きるということは、家族《かぞく》にたいして責任《せきにん》をはたすことなんだ。四人《にん》の子《こ》どもたちのために、死《し》ぬわけにはいかない)

オレンジ色《いろ》にそまる夕《ゆう》やけの空《そら》を見《み》つめて、父《とう》ちゃんは、かたく心《こころ》にちかった。

そして、一年前《ねんまえ》の四月《がつ》はじめ、中居《なかい》さん一家《いっか》は、住《す》みなれた群馬《ぐんま》の町《まち》をはなれ、神奈川県《かながわけん》の小《ちい》さな町《まち》にうつってきた。父《とう》ちゃんは、東京《とうきょう》のべつの会社《かいしゃ》ではたらくことになり、片道《かたみち》、二時間《じかん》をかけて電車《でんしゃ》でかよった。だが、父《とう》ちゃんは大学病院《だいがくびょういん》の医師《いし》から、こういわれていた。

「移植《いしょく》がせいこうする確立《かくりつ》は、半分以下《はんぶんいか》だと、そう思《おも》ってください」

でも、移植《いしょく》をしなかったら、どのみち、父《とう》ちゃんのいのちは助《たす》からない。父《とう》ちゃんのいのちは、このさき、ゼロか半分《はんぶん》かにかかっている。それは、家《か》族《ぞく》の未来《みらい》をかけた、ぎりぎりの選択《せんたく》だった。

カレンダーは、七月《がつ》になった。

智明《ともあき》くんのこしの骨《ほね》から、一回《かい》めの骨《こつ》ずい液《えき》がとられることになった。まだ、からだの小《ちい》さい智明《ともあき》くんから、大人《おとな》が必要《ひつよう》とする骨《こつ》ずい液《えき》を、一度《いちど》にとることはできない。そこで、十月《がつ》までに、三回《かい》にわけて、骨《こつ》ずい液《えき》がとられることになったのだ。

ベッドでうつぶせになった智明《ともあき》くんのこしに、骨《こつ》ずい液《えき》をとるための太《ふと》い注射針《ちゅうしゃばり》がさしこまれた。

「お兄《にい》ちゃん、がんばって！」

そばでじっと見《み》まもる母《かあ》ちゃんは、両手《りょうて》をにぎりしめている。

(父《とう》ちゃんのために、ぼくは、がんばるんだ。がんばらなくちゃいけないんだ)

智明《ともあき》くんは、目《め》になみだをためながら、けんめいに、いたみをこらえた。

そして、父《とう》ちゃんの骨《こつ》ずい移植《いしょく》は、十月《がつ》の末《すえ》に、おこなわれることがきまった。

夏休《なつやす》みがやってきた。

「そうだ、海《うみ》に行《い》こう。まっさおな海《うみ》で、思《おも》いっきりおよごう」

父《とう》ちゃんがいいだして、中居《なかい》さん一家《いっか》は、あわただしく家族旅行《かぞくりょこう》に出《で》かけた。

二泊三日《はくみっか》の伊豆半島《いずはんとう》への旅《たび》――。

長《なが》いトンネルをぬけると急《きゅう》に目《め》の前《まえ》が、ぱーっとひらけた。

「わぁーっ、海《うみ》だ、海《うみ》だぞ！」

幸太《こうた》くんがさけんだ。電車《でんしゃ》の窓《まど》からひろがる銀色《ぎんいろ》に光《ひか》る海《うみ》には、たくさんのヨットがうかんでいる。

海辺《うみべ》のホテルでひと休《やす》みしたあと、みんなで、思《おも》うぞんぶん、砂浜《すなはま》であそんだ。波《なみ》しぶきのなかで、父《とう》ちゃんと四人《にん》の子《こ》どもたちの顔《かお》が明《あか》るくかがやいた。

それを見《み》つめる母《かあ》ちゃんは、うれしかった。ふりそそぐ太陽《たいよう》ときらめく海《うみ》。この夏《なつ》の日《ひ》を母《かあ》ちゃんは、いつまでも忘《わす》れないでおこうと思《おも》った。

「こうやって、子《こ》どもたちとすごせるときが、いちばん幸《しあわ》せなことなんだね」

ホテルのベッドでねむりについた子《こ》どもたちをながめて、父《とう》ちゃんがつぶやくようにいった。その父《とう》ちゃんの目《め》に、うっすらとなみだが光《ひか》っていた。

九月《がつ》のはじめ。智明《ともあき》くんから二回《かい》めの骨《こつ》ずい液《えき》がとられた。

それから二週間《しゅうかん》——、さわやかな秋風《あきかぜ》がふく朝《あさ》だった。

「おーい、みんな、いちばんいい服《ふく》を着《き》るんだ。さあ、じゅんびして！　いいかな」

とつぜん、父《とう》ちゃんが家族《かぞく》に号令《ごうれい》をかけた。みんな、きょとんとして、顔《かお》を見《み》あわせた。

「これからな、みんなで写真《しゃしん》をとってもらいにいくんだ」

ダークグリーンの背《せ》びろに着《き》がえた父《とう》ちゃんは、いやにはりきっている。いそいで、よそゆきの服《ふく》に着《き》がえた母《かあ》ちゃんと、四人《にん》の子《こ》どもたちは、近《ちか》くの写真館《しゃしんかん》にむかった。

「ほーら、みんな、いい顔《かお》、するんだぞぉ」

カメラの前《まえ》で、父《とう》ちゃんは、とびっきりの笑顔《えがお》を見《み》せた。

あ、り、が、と、ぅ

つきぬけるような青空《あおぞら》に、うろこ雲《ぐも》が、目《め》にしみるような朝《あさ》。父《とう》ちゃんは、骨《こつ》ずい移植《いしょく》をうけるため、大学病院《だいがくびょういん》に入院《にゅういん》した。

いろいろな検査《けんさ》をしたり、放射線《ほうしゃせん》で、がん細胞《さいぼう》をやっつける治《ち》りょうがはじまった。

そして、移植《いしょく》が五日《いつか》後《ご》にせまった十月《がつ》二十日《はつか》、父《とう》ちゃんは、無菌室《むきんしつ》にいれられた。無菌室《むきんしつ》というのは、その病気《びょうき》の人《ひと》だけがはいることができる病室《びょうしつ》だ。というのも、父《とう》ちゃんのからだは、放射線《ほうしゃせん》による治《ち》りょうで、細菌《さいきん》をやっつける力《ちから》が弱《よわ》くなっている。そのため、いろいろな細菌《さいきん》におかされないよう、この部屋《へや》にはいらなければならないのだ。

大《おお》きなガラスでまわりをかこまれた部屋《へや》で、父《とう》ちゃんは、ひとりぼっちで、自分《じぶん》のいのちとむきあった。

そして、三日《みっか》め。四人《にん》の子《こ》どもたちが、父《とう》ちゃんに会《あ》うためにやってきた。

でも、無菌室《むきんしつ》にはいることはできない。

「父《とう》ちゃん、父《とう》ちゃん」

まもなく四歳《さい》になる、末《すえ》っ子《こ》の裕太《ゆうた》くんが、父《とう》ちゃんをへだてているガラス窓《まど》を、両手《りょうて》でぱんぱんとたたいた。

「父《とう》ちゃん、水族館《すいぞくかん》の魚《さかな》になったみたいだね」

史明《ふみあき》くんも、ガラス窓《まど》をたたいた。

「父《とう》ちゃん、早《はや》く、早《はや》くよくなって、うちに帰《かえ》ってきて」

ガラスごしに、幸太《こうた》くんがインターホンで、みんなの思《おも》いをつたえた。

「うん、元気《げんき》になったら、みんなで、ほーら、ふるさとのな、尾瀬《おぜ》の沼《ぬま》に、ミズバショウの花《はな》を見《み》にいこう。きれいだぞぉ」

ガラスのむこうで、父《とう》ちゃんが両手《りょうて》を高《たか》くあげてV《ブイ》サインをつくってみせた。


十月《がつ》二十五日《にち》——、家族《かぞく》の運命《うんめい》をかけた移植《いしょく》の日《ひ》がやってきた。

病院《びょういん》のはからいで、とくべつに母《かあ》ちゃんと長男《ちょうなん》の智明《ともあき》くんが、ガラスごしに、移植《いしょく》のようすを見《み》まもることがゆるされた。

いよいよ、骨《こつ》ずい移植《いしょく》のスタートだ。

父《とう》ちゃんの胸《むね》のところにある血管《けっかん》から、太《ふと》い注射針《ちゅうしゃばり》で、智明《ともあき》くんの骨《こつ》ずい液《えき》が入《い》れられる。

(父《とう》ちゃん、がんばって！　骨《こつ》ずいくん、おねがいだから、父《とう》ちゃんを……、父《とう》ちゃんのいのちをたすけて!!)

智明《ともあき》くんは、よこたわった父《とう》ちゃんを見《み》つめながら、小《ちい》さな両手《りょうて》を合《あ》わせた。

「もう、祈《いの》るしかないね、がんばるしかないね」

母《かあ》ちゃんのからだにもたれかかって、智明《ともあき》くんは、いくどもそうつぶやいた。

移植《いしょく》は、わずか五分《ふん》ほどでおわった。でも、母《かあ》ちゃんと智明《ともあき》くんには、息《いき》がつまりそうなくらい、長《なが》い時間《じかん》に思《おも》えた。

ガラス窓《まど》のむこうで、父《とう》ちゃんの笑顔《えがお》がゆれた。

「あ、り、が、と、う」

インターホンから、父《とう》ちゃんのやさしい声《こえ》がひびいた。

移植《いしょく》から、一週間《しゅうかん》がたった。

智明《ともあき》くんの若《わか》くて元気《げんき》な骨《こつ》ずい液《えき》が、父《とう》ちゃんのからだの中《なか》ではたらきはじめた。抗《こう》がん剤《ざい》の副作用《ふくさよう》で、ふさふさしていた父《とう》ちゃんのかみの毛《け》がみごとにぬけた。

「うわーっ、父《とう》ちゃんの頭《あたま》、ツルッツル。でも、かっこいいよ」

史明《ふみあき》くんが、ふしぎそうなようすでいった。

でも、これで父《とう》ちゃんの病気《びょうき》がなおったわけではない。智明《ともあき》くんの骨《こつ》ずい液《えき》が、父《とう》ちゃんにぴったりしてくれるかどうか、それからが運命《うんめい》のわかれ道《みち》だった。

父《とう》ちゃんとの約束《やくそく》

無菌室《むきんしつ》で三週間《しゅうかん》ほどをすごした父《とう》ちゃんは、ふつうの病室《びょうしつ》にうつった。

そして、十二月《がつ》二十四日《にち》、クリスマスイブの日《ひ》。父《とう》ちゃんは、三か月《げつ》ぶりにわが家《や》に帰《かえ》ることがかなった。

「父《とう》ちゃんが、帰《かえ》ってくる、父《とう》ちゃんが帰《かえ》ってくる！」

その日《ひ》、四人《にん》の子《こ》どもたちは、朝《あさ》からおちつかなかった。夕食《ゆうしょく》のあと、父《とう》ちゃんが、クリスマスケーキのろうそくに、灯《あか》りをともした。

みんなのはしゃぐ声《こえ》。ろうそくの灯《あか》りのまわりで、幸《しあわ》せがゆらゆらとゆれた。

つぎの日《ひ》、父《とう》ちゃんは、また病院《びょういん》にもどっていった。

新《あたら》しい年《とし》が明《あ》けた。

父《とう》ちゃんは、わが家《や》に帰《かえ》ることをゆるされた。こんどは、五日間《いつかかん》も家《いえ》にいられる。みんな、うれしかった。元日《がんじつ》の朝《あさ》――。

「おーい、みんな、あつまれぇ！」

父《とう》ちゃんの元気《げんき》いっぱいの声《こえ》がはずんだ。

四人《にん》きょうだいは、父《とう》ちゃんの前《まえ》で正座《せいざ》をした。

「あけまして、おめでとう」

お年玉《としだま》をわたしながら、父《とう》ちゃんは、それぞれに新年《しんねん》の目標《もくひょう》をちかわせた。

いちばん上《うえ》の兄《あに》、智明《ともあき》くんは、からだをきたえること。次男《じなん》、幸太《こうた》くんには、

ものごとにたいし、ねばり強《づよ》くなること。

史明《ふみあき》くんは、友《とも》だちをたくさんつくること。そして、裕太《ゆうた》くんには、聞《き》きわけのいい子《こ》になること——。

ひとりひとりとあくしゅをしてから、父《とう》ちゃんは、ひときわ声《こえ》を高《たか》くした。

「父《とう》ちゃんのちかいは、病気《びょうき》をなおすこと。これを、一生《いっしょう》けんめいに守《まも》ります」

それから十日《とおか》に一回《かい》、父《とう》ちゃんは、家《いえ》にもどってきた。子《こ》どもたちとキャッチボールをしたり、勉強《べんきょう》を教《おし》えてくれた。料理《りょうり》が母《かあ》ちゃんよりもとくいな父《とう》ちゃんは、スパゲッティやハンバーグ、それから中華料理《ちゅうかりょうり》もつくってくれた。

(病気《びょうき》とたたかって、一生《いっしょう》けんめいに生《い》きているすがたを、子《こ》どもたちの目《め》にやきつけておきたい……。父《とう》ちゃんは、そう思《おも》っているんだ)

そんな父《とう》ちゃんに、母《かあ》ちゃんは、心《こころ》のなかで拍手《はくしゅ》をおくった。

季節《きせつ》は流《なが》れ、また春《はる》がめぐってきた。

アパートの近《ちか》くのあき地《ち》に、菜《な》の花《はな》が、黄色《きいろ》のカーペットをしいたように、風《かぜ》にゆれている。名《な》もしらない草《くさ》が、ピンクやむらさきの花《はな》をつけて、一生《いっしょう》けんめいに小《ちい》さないのちの歌《うた》をうたっている。

「お兄《にい》ちゃんの骨《こつ》ずい液《えき》さーん！　父《とう》ちゃんのからだの中《なか》でがんばって！」

病院《びょういん》に父《とう》ちゃんを見《み》まうたび、母《かあ》ちゃんは、空《そら》にむかって呼《よ》びかけた。そのねがいがとどいたのかもしれない。

「中居《なかい》さん、ご主人《しゅじん》は、四月《がつ》のなかごろには退院《たいいん》できるかもしれません」

父《とう》ちゃんをみてくれている医師《いし》から、そうつげられたとき、母《かあ》ちゃんは、思《おも》わずスキップしたくなるほどよろこんだ。

でも、それは、つかのまのことだった。

三月《がつ》のなかばころから、父《とう》ちゃんの首《くび》のあたりがはれあがり、顔《かお》がむくみはじめた。

(だいじょうぶ、だいじょうぶよ。ここをのりきれば、きっと退院《たいいん》できる)

〝希望《きぼう》〟という消《け》しゴムで母《かあ》ちゃんは、胸《むね》のおくの悲《かな》しみを、消《け》そうと思《おも》った。

それから、十日《とおか》ほどがたった。夕《ゆう》ぐれ、子《こ》どもたちが、父《とう》ちゃんのところにやってきた。

父《とう》ちゃんは、しずかにねむっている。

「ねえ、みんなで父《とう》ちゃんに、パワーをあげて」

母《かあ》ちゃんがいうと、四人《にん》の子《こ》どもたちは、かわるがわるに、父《とう》ちゃんのひたいに手《て》をあてた。

「父《とう》ちゃん、がんばれ!」

小《ちい》さな手《て》のひらが、ひたいにふれるたびに、父《とう》ちゃんは、うっすらと目《め》をあけたが、また、すぐ寝息《ねいき》をたてはじめた。

そして、四月十日《がつとおか》、午前五時《ごぜんじ》三十七分《ふん》――。

父《とう》ちゃんは、そのまま、ねむるように息《いき》をひきとった。前《まえ》の夜《よる》おそく、母《かあ》ちゃんも子《こ》どもたちも家《いえ》にもどったため、父《とう》ちゃんに、さいごのわかれをつげることはかなわなかった。

「父《とう》ちゃんは、かならず帰《かえ》ってくる」、そう信《しん》じていた家族《かぞく》にとって、あまりにもとつぜんの、父《とう》ちゃんとのわかれだった。


台所《だいどころ》のとなりの部屋《へや》にかざられた、父《とう》ちゃんの遺影《いえい》が、きょうも、しずかな笑《え》みをうかべて、子《こ》どもたちを見《み》まもっている。

母《かあ》ちゃんはときどき、父《とう》ちゃんが病院《びょういん》のベッドでもらしたことばを思《おも》いだす。

《家族《かぞく》というもののありがたさを、感《かん》じられたということでは、自分以上《じぶんいじょう》にめぐまれている人間《にんげん》はいない。ふだん、なにげなく思《おも》っていた家族《かぞく》や、子《こ》どもた

ちのことを、ほんとに、しみじみ考《かんが》えることができた。とっても、大切《たいせつ》な時間《じかん》をすごせたよ》

きょうも、あつい日《ひ》になりそうだ。アパートの窓《まど》から見《み》えるキョウチクトウの赤《あか》い花《はな》が、うなだれている。

「父《とう》ちゃん、おはよう」

「父《とう》ちゃん、天国《てんごく》もあついんか？」

「父《とう》ちゃん、おやすみ」

四人《にん》の子《こ》どもたちは、遺影《いえい》の前《まえ》をとおるたびに、そう声《こえ》をかける。

そして、そのたびに、元日《がんじつ》に父《とう》ちゃんとかわした約束《やくそく》を守《まも》ろうと、父《とう》ちゃんの笑顔《えがお》にちかっている。

第五話

健さんがともしたいのちの灯り

みんなは、アイスホッケーという競技《きょうぎ》を知《し》ってるかな。

それは、ヨーロッパの北部《ほくぶ》で生《う》まれた、スケート競技《きょうぎ》のひとつ。スケートをはいた六人《にん》ずつが、スティックをあやつって、ゴム製《せい》のパック（円盤《えんばん》）を、相《あい》手《て》のゴールに入《い》れあう競技《きょうぎ》だ。ホッケーの技《わざ》も必要《ひつよう》だけど、なんてったって、氷《こおり》の上《うえ》をスイスイとすべらなくちゃいけない。技《わざ》と体力《たいりょく》が氷《こおり》の上《うえ》でぶつかりあう、とってもおもしろい競技《きょうぎ》だ。

このアイスホッケーには、プロのチームがあるんだよ。プロ野球《やきゅう》やサッカーのＪ《ジェイ》リーグとくらべれば、いまひとつ知《し》られていないけど、「西武鉄道《せいぶてつどう》」「日本《にっぽん》製紙《せいし》クレインズ」「コクド」それから「日光《にっこう》アイスバックス」などというチームが活《かつ》やくしているんだ。

ところが、このなかの「日光《にっこう》アイスバックス」というチームが、いまから八年前《ねんまえ》、つぶれかけたんだ。

「アイスホッケーを、なんとしてもつづけたい」

選手《せんしゅ》たちのそんな願《ねが》いに、じっと耳《みみ》をかたむけた人《ひと》がいた。愛《あい》するホッケーのために、いのちをささげた人《ひと》がいたんだよ。

出会《であ》い

一九九九年（平成《へいせい》十一年《ねん》）一月《がつ》――。お正月《しょうがつ》が明《あ》けたころだった。

『栃木県《とちぎけん》の日光市《にっこうし》にある、アイスホッケーの名門《めいもん》として知《し》られる古河電工《ふるかわでんこう》アイスホッケー部《ぶ》が、七十二年《ねん》の歴史《れきし》にピリオドを打《う》ち、廃部《はいぶ》（部《ぶ》がなくなること）されることになりました。長《なが》びく不況《ふきょう》のため、チームを維持《いじ》していく（もちこたえる）ためのの資金《しきん》ぐりが、むずかしくなったためということです』

テレビのお昼《ひる》のニュースが、そうつたえた。

「なんだって……！？　日光《にっこう》から古河《ふるかわ》のアイスホッケー部《ぶ》がなくなるって……、そんなバカな……。それは、たとえていうなら、朝起《あさお》きてみると、この国《くに》から〝巨人軍《きょじんぐん》〟が消《き》えてしまったのと同《おな》じことじゃないか」

おじさんは、ひとりごとをいいながら、とてもきびしい顔《かお》でテレビを見《み》つめた。

そのおじさんの名前《なまえ》は、高橋健次《たかはしけんじ》さん、そのころ、五十歳《さい》。日光市《にっこうし》などで、レンタカー、ゴルフ練習場《れんしゅうじょう》をいとなむ会社《かいしゃ》の社長《しゃちょう》さんだ。

日光市《にっこうし》といえば、日光東照宮《にっこうとうしょうぐう》などをおとずれる人《ひと》びとでにぎわう観光地《かんこうち》として知《し》られる。そして、この町《まち》にある古河電工《ふるかわでんこう》という会社《かいしゃ》のアイスホッケー部《ぶ》は、市民《しみん》のほこりであった。

そのため、アイスホッケーが大好《だいす》きという人《ひと》が多《おお》く、高橋《たかはし》さんも中学生《ちゅうがくせい》のころ、クラブ活動《かつどう》で選手《せんしゅ》として活《かつ》やくした。そんな高橋《たかはし》さんにとって、古河電工《ふるかわでんこう》アイスホッケー部《ぶ》がなくなることは、信《しん》じられないことだった。

(この日光《にっこう》から、アイスホッケーの灯《あか》りを消《け》しちゃいけない)

栃木県《とちぎけん》のアイスホッケー連盟《れんめい》の仕事《しごと》にもたずさわっている高橋《たかはし》さんは、なんとかしなければならないと、気《き》もちだけがはやった。

季節《きせつ》はめぐって、七月《がつ》になった。

「このまま、みすみす廃部《はいぶ》になってしまうのを、だまって見《み》ているのは、くやしいじゃないか。そうだ、健《けん》さんに……相談《そうだん》してみたらどうだろう」

そういいだしたのは、チームでリーダー格《かく》の八木啓二《やぎけいじ》選手《せんしゅ》だった。

「そうだ、そうだ、もう、それしかない」

選手《せんしゅ》たちが、てんでにそういいあった。

一九九九年《ねん》七月《がつ》二十七日《にち》。古河電工《ふるかわでんこう》アイスホッケー部《ぶ》の選手《せんしゅ》たちは、わらにもすがりたい気《き》もちで、高橋《たかはし》さんのもとをたずねた。

レンタカー業《ぎょう》をいとなんでいる高橋《たかはし》さんは、遠征《えんせい》にいく選手《せんしゅ》たちを、ときどきマイクロバスで送《おく》るなどして、選手《せんしゅ》たちから、いつしか「健《けん》さん」と呼《よ》ばれ、したわれていた。

「健《けん》さん、ぼくたち、アイスホッケーをやめたくないんです」

「せめて、あと一年《ねん》……、いや二年《ねん》はやりたいんです」

「おねがいします、健《けん》さん、どうか、どうか、力《ちから》を貸《か》してください」

三十人《にん》の選手《せんしゅ》たちの瞳《ひとみ》が、しんけんな光《ひかり》をたたえて、高橋《たかはし》さんにそそがれた。うでぐみをした高橋《たかはし》さんは、くちびるをかんで、だまっている。その場《ば》が、しーんとなった。

「……そうか……、みんなの気《き》もちは、よくわかった。おれでよかったら、おれが……、なんとか力《ちから》になろう」

健《けん》さんのことばが、みんなの胸《むね》をふるわせるように、やさしくひびいた。

しかし、それは、新《あら》たなたたかいのはじまりだった。新《あたら》しいチームを立《た》ちあげるには、気力《きりょく》だけでは、とても無理《むり》だった。さしせまる問題《もんだい》は、チームを動《うご》かしていくためのお金《かね》がいることだ。十月《がつ》からはじまるシーズンをのりきるだけでも、一億円《おくえん》というお金《かね》が、どうしても必要《ひつよう》だった。

しかも、そのお金《かね》は、古河電工《ふるかわでんこう》という会社《かいしゃ》が、廃部《はいぶ》にふみきる八月三日《がつみっか》までに、なんとかつごうをつけなければならない。

あとわずか一週間《しゅうかん》で一億円《おくえん》――、さすがの高橋《たかはし》さんも、頭《あたま》をかかえた。

でも、選手《せんしゅ》たちはあきらめない。つぎの日《ひ》、八木《やぎ》選手《せんしゅ》をはじめ、八人《にん》ほどの選手《せんしゅ》たちが、ふたたび高橋《たかはし》さんのもとにやってきた。けれど、なかなかいい案《あん》が出《で》てこない。

「そうだ、温泉《おんせん》に行《い》こう。お湯《ゆ》につかって、気分転換《きぶんてんかん》すれば、いい考《かんが》えがうかぶかもしれないぞ」

高橋《たかはし》さんが、選手《せんしゅ》たちを元気《げんき》づけた。日光市《にっこうし》からクルマで三十分《ぷん》ほどの「高百《たかびゃく》キャンプ場《じょう》」にみんなでむかった。そこは、おさるさんの集団《しゅうだん》で人気《にんき》を呼《よ》んでいる『日光猿軍団《にっこうさるぐんだん》』が経営《けいえい》するキャンプ場《じょう》で、温泉《おんせん》もあった。

温泉《おんせん》につかったあと、選手《せんしゅ》たちは、てんでに缶《かん》ビールを片手《かたて》に、食堂《しょくどう》にあつまった。けれど、八人《にん》の選手《せんしゅ》はだまりこんだままだ。

(この先《さき》、いったい、どうなるんだろう)

みんなの心《こころ》は、どうにも重《おも》たくなって、まるで会話《かいわ》ははずまない。するとそこへ、ひとりのおじさんがやってきた。

「みんな、いいからだしてんな。なんかスポーツ、やってっぺ」

人《ひと》なつっこい目《め》で、おじさんは、選手《せんしゅ》たちを見《み》まわした。

「はい、アイスホッケーです」

「はーん、氷《こおり》の上《うえ》っこさで、棒《ぼう》をふりまわして、丸《まる》っこい網《あみ》に入《い》れるやつかあ!?」

「そうです、そのアイスホッケーです」

「けど……、なんでみんな、だんまりこくって、缶《かん》ビール、ちょびっ、ちょびってやってるだあ」

ふしぎそうな顔《かお》のおじさん、その人《ひと》が『日光猿軍団《にっこうさるぐんだん》』のオーナーであり、「お猿《さる》の学校《がっこう》」の校長《こうちょう》で知《し》られる間中敏雄《まなかとしお》さんだった。

六十の瞳《ひとみ》

温泉《おんせん》の食堂《しょくどう》のガラス窓《まど》を、夕日《ゆうひ》がオレンジ色《いろ》にそめかけている。

「みんな、若《わか》いんだからな、もっと元気《げんき》だして、わーっとやらんとあかんっぺ」

間中《まなか》さんが、その場《ば》を立《た》ちさろうとしたときだった。背《せ》すじをぴんとのばして、高橋《たかはし》さんが、間中《まなか》さんを見《み》つめた。

「校長先生《こうちょうせんせい》、ここにいる若者《わかもの》たちが元気《げんき》がないのには、わけがあるんです。彼《かれ》らが一生《いっしょう》けんめいやってきたチームが、あと六日《むいか》でなくなるんです。なんとか……、力《ちから》になってもらえませんか」

「あと……、六日《むいか》でなくなるってか」

間中《まなか》さんは、わけがわからない顔《かお》になった。が、高橋《たかはし》さんのしんけんな瞳《ひとみ》が、間中《まなか》さんにはまぶしかった。

（おれと、おない年《どし》くらいの男《おとこ》が、若者《わかもの》たちの力《ちから》になろうとしている……。でも、アイスホッケーをよく知《し》らないおれに、なんとかしてくれといわれてもなあ……）

間中《まなか》さんは、答《こた》えにまよって頭《あたま》をかいた。

「校長先生《こうちょうせんせい》、ここにいる若者《わかもの》たちに、明日《あした》につながる力《ちから》をあたえていただけませんか」

高橋《たかはし》さんは、声《こえ》をふるわせながら、間中《まなか》さんを、もういちど見《み》つめた。

「うーん、こまったなあ。けど……なんとかすっぺ」

友《とも》だちとお酒《さけ》を飲《の》んで、すこし酔《よ》っていた間中《まなか》さんは、いつのまにか、そう答《こた》えていた。

「ええっ、ほ、ほんとですか!?」

すっとんきょうな声《こえ》をあげて、八人《にん》の選手《せんしゅ》がいっせいに立《た》ちあがった。

日本地図《にほんちず》をひろげてみてください。日本列島《にっぽんれっとう》のほぼまん中《なか》あたりに、栃木県《とちぎけん》があるよね。その栃木県《とちぎけん》を鬼怒川《きぬがわ》が流《なが》れ、そこにあるのが鬼怒川温泉《きぬがわおんせん》。「日光《にっこう》猿軍団《さるぐんだん》」はその近《ちか》くにあるんだ。

この日光猿軍団《にっこうさるぐんだん》には、「日光猿劇場《にっこうさるげきじょう》」があって、観光《かんこう》シーズンや夏休《なつやす》みなどには、親子《おやこ》づれや団体客《だんたいきゃく》で、それは大《おお》にぎわいになる。

その人気《にんき》のひみつは「お猿《さる》の学校《がっこう》」。間中《まなか》さんが芸《げい》を教《おし》えたお猿《さる》さんたちが、それはみごとな演技《えんぎ》で、客席《きゃくせき》をどっと笑《わら》わせる。テレビでも紹介《しょうかい》されて、あっというまに、全国《ぜんこく》に知《し》られるようになったんだ。

そんなわけで、間中《まなか》さんは、この「お猿《さる》の学校《がっこう》」の校長先生《こうちょうせんせい》、いや、お猿《さる》さんたちをまとめるボス的《てき》な存在《そんざい》でもあるんだ。

あの温泉《おんせん》の食堂《しょくどう》で、間中《まなか》さんは、思《おも》わず「なんとかすっぺ」といってしまった。

ところが、そのつぎの日《ひ》、びっくりすることがおきた。

「きのうは、どうもありがとうございました」

高橋《たかはし》さんが、あいさつにやってきた。

「じつは、校長先生《こうちょうせんせい》にぜひ会《あ》いたいと、みんなが……」

「なに、だれがきてるっぺ」

高橋《たかはし》さんにうながされて、間中《まなか》さんは日光猿軍団《にっこうさるぐんだん》のうら門《もん》のところに出《で》てみた。

(ひや〜っ、ぶったまげたっぺぇ)

そこには、ユニホームを着《き》た三十人《にん》の選手《せんしゅ》たちが、身《み》うごきもしないでならんでいた。

夕《ゆう》ぐれが、すぐそこまできている。選手《せんしゅ》たちの六十の瞳《ひとみ》が、いっせいに間中《まなか》さんを見《み》つめている。

「校長先生《こうちょうせんせい》、おねがいします」

「ぼくたちに、アイスホッケーをやらせてください」

いまにも泣《な》きだしそうな顔《かお》で、選手《せんしゅ》たちは、てんでにうったえた。

せみしぐれがふる夕《ゆう》もやの中《なか》で、間中《まなか》さんと三十人《にん》の選手《せんしゅ》たちは、それからしずかにむきあった。その間中《まなか》さんの瞳《ひとみ》にうつる選手《せんしゅ》たちが、いつのまにか、息子《むすこ》の姿《すがた》とかさなって、間中《まなか》さんは、たまらなくなった。

間中《まなか》さんの長男《ちょうなん》、和彦《かずひこ》さんは、中学《ちゅうがく》三年生《ねんせい》のとき、作文《さくぶん》にこう書《か》いた。

「猿《さる》まわしになって、お父《とう》さんのあとをつぎたい」

中学《ちゅうがく》を卒業《そつぎょう》すると、高校《こうこう》に進《すす》んだ。けれど、

「一日《にち》も早《はや》く、お父《とう》さんのようになるんだ」

和彦《かずひこ》さんは、高校《こうこう》をやめた。そして、お猿《さる》さんの調教師《ちょうきょうし》（動物《どうぶつ》をならして、芸《げい》を教《おし》える人《ひと》）として、軍団《ぐんだん》にはいった。お父《とう》さんのきびしい特訓《とっくん》にもがんばって、和彦《かずひこ》さんは、めきめき腕《うで》をあげた。

お父《とう》さんの「お猿《さる》の学校《がっこう》」の助手《じょしゅ》をつとめるまでになった。

（よかった、いい息子《むすこ》をもって、ほんとによかった。これから、もっともっとお客《きゃく》さんによろこんでもらえるステージができる）

間中《まなか》さんは、心《こころ》のそこからうれしかった。

ふくらんだ夢《ゆめ》が、ふうせんがはじけるようにふっ飛《と》んだのは、それから一か月《げつ》ほどがたった夜《よる》のことだった。

一九九五年《ねん》（平成七年《へいせいねん》）十一月《がつ》なかば――、仕事《しごと》をおえた和彦《かずひこ》さんは、クルマを運転《うんてん》して友《とも》だちの家《いえ》にむかっていた。ところが、反対側《はんたいがわ》から走《はし》ってきたクルマとぶつかり、和彦《かずひこ》さんは、あっけなく亡《な》くなった。まだ、二十歳《はたち》になったばかりだった。

かけがえのない息子《むすこ》を失《うしな》って、間中《まなか》さんはうちひしがれた。それから、一日《にち》たりとも、息子《むすこ》のことを忘《わす》れることはない。

せみしぐれがふりしきっている……。

(おやじ、この若者《わかもの》たち……、なんとかしてやれよ)

間中《まなか》さんには、遠《とお》い空《そら》の上《うえ》から、和彦《かずひこ》さんが呼《よ》びかけているような気《き》がした。

(生《い》きてりゃ、彼《かれ》らとおんなじくらいだなあ。いいっぺ、一〇〇〇万円《まんえん》、やるっぺ)

選手《せんしゅ》たちが帰《かえ》った夜《よる》、間中《まなか》さんは、そう心《こころ》にきめた。

そのお金《かね》は、息子《むすこ》を亡《な》くして、気《き》もちを落《お》としている妻《つま》の心《こころ》をいやそうと、ふたりで世界一周旅行《せかいいっしゅうりょこう》をするために、たくわえたものだった。

あと、何年《なんねん》、生《い》きられますか

間中《まなか》さんから、あたたかい応《おう》えんをえることができた。それは、高橋《たかはし》さんと選手《せんしゅ》たちのあつい思《おも》いが、間中《まなか》さんに通《つう》じたからだろう。

「みんな、心《こころ》をひとつにして、新《あたら》しいチームをつくるんだ。いいか、わかったか」

こぶしを高《たか》くあげて、高橋《たかはし》さんは、選手《せんしゅ》たちに気《き》あいをいれた。

「そうだ、健《けん》さんだけを、たよっちゃいけない」

ユニホームをぬいだ選手《せんしゅ》たちは、あちこちに飛《と》びだした。営業《えいぎょう》マンとなって、汗《あせ》をかきながら走《はし》りまわるようになった。

もちろん、高橋《たかはし》さんも、じっとしていられない。日光市《にっこうし》の市長《しちょう》や市議会《しぎかい》の議《ぎ》員《いん》、そしていろいろな人《ひと》をたずね歩《ある》いた。

「いま、みなさんが応《おう》えんしてくれないと、この日光《にっこう》から、アイスホッケーという文化《ぶんか》がなくなるんです。アイスホッケーの灯《あか》りを消《け》さないために、どうか、みなさんの力《ちから》を貸《か》してください」

くる日《ひ》も、くる日《ひ》も、思《おも》いのたけをこめて、高橋《たかはし》さんはうったえつづけた。

そんな熱意《ねつい》にうごかされ、日光市《にっこうし》が一〇〇〇万円《まんえん》のお金《かね》をだすことをきめた。親《しん》せきや友人《ゆうじん》たちをまわる選手《せんしゅ》たちの資金《しきん》あつめも、めざましい成果《せいか》をあげた。

さらにファンからのサポート（応《おう》えん）は、一週間《しゅうかん》でなんと二〇〇〇万円《まんえん》をこえた。

こうして、一九九九年《ねん》八月《がつ》――、新《あたら》しいアイスホッケーチームが、うぶ声《ごえ》をあげることになった。それは、たくさんの人《ひと》たちの思《おも》いが、ひとつになった結晶《けっしょう》だった。

新《しん》チームの名前《なまえ》は市民《しみん》クラブ「日光《にっこう》アイスバックス」。バックスというのは、英語《えいご》で「雄鹿《おじか》」（オスの鹿《しか》）のこと。三十人《にん》の選手《せんしゅ》たちは、雄鹿《おじか》のように美《うつく》しく、勇《いさ》ましく、氷《こおり》の上《うえ》に夢《ゆめ》をつなぐことがかなった。

だが、高橋《たかはし》さんのたたかいは、これでおわったわけではない。新生《しんせい》「日光《にっこう》アイスバックス」をずっとつづけていくためには、さらにお金《かね》がかかるからだった。

（選手《せんしゅ》たちの夢《ゆめ》をもっともっと、ふくらませてやりたい）

高橋《たかはし》さんは、そればかりを考《かんが》えるようになった。

つぎの年《とし》の春《はる》――。さくらが咲《さ》きはじめるころだった。

「このごろ、なんだかね、胃《い》がもたれてしかたがないんだ」

じょうぶなからだがじまんだった高橋《たかはし》さんが、そうもらすようになった。

「ちょっと、はたらきすぎじゃないの。しばらく休《やす》んだらどうかしら」

奥《おく》さんの多佳子《たかこ》さんが、顔《かお》をくもらせた。

「でもなあ、選手《せんしゅ》たちのことを考《かんが》えると、とても休《やす》むわけにはいかないよ」

胃薬《いぐすり》を一日《にち》に八袋《ふくろ》も飲《の》みながら、高橋《たかはし》さんは仕事《しごと》をつづけた。

夏《なつ》のはじめには、背中《せなか》にひどいいたみが走《はし》り、奥《おく》さんに背中《せなか》を押《お》してもらわないと、どうにも起《お》きあがれない日《ひ》もあった。そして高橋《たかはし》さんは、どんどんやせはじめた。

二〇〇〇年《ねん》（平成《へいせい》十二年《ねん》）九月《がつ》のはじめ、高橋《たかはし》さんは、病院《びょういん》で検査《けんさ》をうけた。それから一週間《しゅうかん》たって、医師《いし》から、その結果《けっか》を知《し》らされた。

「たいへんなことを、つたえなければなりませんが、検査《けんさ》の結果《けっか》、すい臓《ぞう》がんとわかりました」

「手術《しゅじゅつ》をすれば、なおるのですか」

「いやぁ……、それは、ひじょうにむずかしい」

くちびるをかみしめた高橋《たかはし》さんは、かくごをきめた顔《かお》になった。

「先生《せんせい》、あと何年《なんねん》、生《い》きられますか。正直《しょうじき》にいってください。あと何年《なんねん》……」

診《しん》さつ室《しつ》が、しずまりかえった。医師《いし》は、高橋《たかはし》さんの目《め》を、まっすぐに見《み》つめた。

「あと……、一年《ねん》だと、そう思《おも》ってください」

「……わかりました」

両手《りょうて》をにぎりしめた高橋《たかはし》さんは、しずかにうなずいた。

点滴《てんてき》のバッグ

昼《ひる》さがりの公園《こうえん》には、だれもいない。ベンチにこしかけた高橋《たかはし》さんは、ぼんやりと空《そら》をながめた。

（あと一年《ねん》で……。家族《かぞく》とも、バックスともわかれなくてはならない）

悲《かな》しかった。胸《むね》がしめつけられた。だれもいない公園《こうえん》で、高橋《たかはし》さんは思《おも》いっきり泣《な》いた。その目《め》に、花《か》だんにうえられたサルビアのまっかな色《いろ》がにじんだ。

がんの宣告《せんこく》をうけて、一週間《しゅうかん》がたった。

その日《ひ》、高橋《たかはし》さんは日光猿軍団《にっこうさるぐんだん》をたずねた。そして、間中《まなか》さんに、自分《じぶん》は、あと一年《ねん》しか生《い》きられないことを話《はな》した。

間中《まなか》さんは、なにもいうことができない。すると、やせ細《ほそ》ったからだに、ありったけの力《ちから》をみなぎらせて、高橋《たかはし》さんは、間中《まなか》さんを見《み》つめた。

「校長先生《こうちょうせんせい》、あなたが、選手《せんしゅ》たちに最初《さいしょ》に手《て》をさしのべてくださったおかげで、彼《かれ》らの夢《ゆめ》はつながりました。ありがとうございました」

「いんやぁ、お礼《れい》は、なんども聞《き》いたっぺ。健《けん》さん、そんなにいわなくっても……」

「いえ、校長先生《こうちょうせんせい》、ぼくにはやりたいことが、まだ、たくさんあるんですよ。がんばってる選手《せんしゅ》やスタッフの顔《かお》を見《み》るとね、もっとバックスを愛《あい》されるチームにしなくちゃ……、だれからも親《した》しまれるスポーツにしなくちゃ……、アイスホッケーを、だれからも親しまれるスポーツにしなくちゃ……、そう思《おも》うんです。だから、がんなんかに負《ま》けちゃいられません。校長先生《こうちょうせんせい》、ぼくは……人生《じんせい》、さいごの花道《はなみち》をかざりたいんです。バックスの選手《せんしゅ》たちのために、いのちをかけたいんですよ」

「健《けん》さん……わかった……わかった」

間中《まなか》さんはそういうのが、せいいっぱいだった。

みんながもしも、自分《じぶん》のいのちが、あと一年《ねん》しかないと知《し》らされたら、どうするだろう!?

ふつうの人間《にんげん》だったら、希望《きぼう》もなにもなくなって、生《い》きる気力《きりょく》をなくしてしまうだろう。そして、ただ、おろおろと泣《な》いているばかりかも知《し》れない。

だが、高橋《たかはし》さんは、自分《じぶん》につきつけられた運命《うんめい》に、たじろがなかった。

「おれのいのちは、あと一年《ねん》といわれたけど、いや、一年《ねん》あれば、いろんなことができる。一年《ねん》しか、じゃない。一年《ねん》もあるんだぞ、って、そう思《おも》うことにしたんだ」

高橋《たかはし》さんは、おろおろしながら涙《なみだ》ぐむ奥《おく》さんに、笑顔《えがお》を見《み》せていった。

そして、九月《がつ》のおわり――、高橋《たかはし》さんは、自分《じぶん》が、がんであることを選手《せんしゅ》たちにつげた。

そのことを聞《き》いて、選手《せんしゅ》たちは力《ちから》をおとしてしまうのか、それとも、燃《も》えるのか!? それは高橋《たかはし》さんの賭《か》けだった。

「健《けん》さん、ウソだといってください」

選手《せんしゅ》たちはおどろきながら、てんでに涙《なみだ》をこぼしてさけんだ。が、そのあとで、みんなは、それぞれの胸《むね》にいい聞《き》かせた。

（試合《しあい》に勝《か》って、健《けん》さんを、よろこばせてあげること……。それしか、ぼくらにできることはない……）

けれど、がんは、ストップしてはくれない。高橋《たかはし》さんのからだを、がんは、しずかに、着実《ちゃくじつ》に弱《よわ》らせていった。

元気《げんき》なころ、高橋《たかはし》さんは、身長《しんちょう》が一七〇センチ、体重《たいじゅう》が九〇キロをこえる、それはりっぱなからだだった。それが、みるみるうちにやせ細《ほそ》り、その年《とし》のクリスマスのころには、体重《たいじゅう》が半分《はんぶん》ちかくの五〇キロになった。

「いやあ、これじゃ、別人《べつじん》だなあ」

鏡《かがみ》を見《み》ながら笑《わら》う高橋《たかはし》さんに、奥《おく》さんの多佳子《たかこ》さんはかえすことばがなく、むしょうに悲《かな》しかった。

試合《しあい》を終《お》えた選手《せんしゅ》たちを笑顔《えがお》で迎《むか》える高橋《たかはし》さん（右）

二〇〇一年《ねん》（平成十三年《へいせいじゅうさんねん》）三月《がつ》――、高橋《たかはし》さんは、新《あら》たなバックスの運営《うんえい》会社《がいしゃ》「日光《にっこう》アイスバックスとちぎ」の社長《しゃちょう》をつとめることになった。

だが、その年《とし》の秋《あき》もおわるころには、食《た》べものが、のどを通《とお》らなくなった。食事《しょくじ》をすることもかなわなくなり、高橋《たかはし》さんの右胸《みぎむね》の肩《かた》より十センチほど下《した》の静脈《じょうみゃく》に、点滴《てんてき》ができるように、器具《きぐ》がうめこまれた。そして、そこからのびたチューブから、栄養分《えいようぶん》をからだにおくりこむのだ。

「バックスのために、みなさん、力《ちから》を貸《か》してください」

点滴《てんてき》のバッグをさげた高橋《たかはし》さんは、また、資金《しきん》あつめのため、あちこちをまわり歩《ある》く。息《いき》も、たえだえになりながら……。

「やるときめたら、とことんやる！」

それが高橋《たかはし》さんのエネルギーのもとだった。

「自分《じぶん》がだめだと思《おも》って、くよくよしていると、まわりだって暗《くら》くなってしまう。だから、ぼくは、自分《じぶん》ががんだなんて思《おも》わないことにしているんです」

いつもそういって、自分《じぶん》をはげました。

限《かぎ》られた自分《じぶん》のいのちと、さいごまで、まじめにむきあおうじゃないか。

高橋《たかはし》さんは、選手《せんしゅ》たちばかりではなく、たくさんの人《ひと》たちに、生《い》きる勇気《ゆうき》と希《き》望《ぼう》をおくりとどけた。

そして、二〇〇二年《ねん》八月《がつ》十五日《にち》。あと一年《ねん》といわれたいのちを、一年《ねん》のばして生《い》きぬいて、天国《てんごく》に旅立《たびだ》っていった。まだ、五十三歳《さい》だった。

たくさんの人《ひと》たちに、目《め》には見《み》えない大切《たいせつ》なものをとどけた高橋《たかはし》さんは、天国《てんごく》から、

「おーい、日光《にっこう》アイスバックス、がんばれぇ！」

声《こえ》をかぎりに、エールをおくっているにちがいない。

★　☆　★　☆　★

ものを書《か》くという仕事《しごと》をとおして、これまでに、千人《せんにん》をこえる人《ひと》たちに会《あ》って、話《はなし》を聞《き》かせてもらいました。

その中《なか》には、病気《びょうき》という困難《こんなん》をうけいれ、希望《きぼう》を胸《むね》に呼《よ》びこもうとする人《ひと》たちがいました。

かぎりあるいのちと、真剣《しんけん》にむきあう少年《しょうねん》がいました。

そんな人《ひと》たちに会《あ》って、どんないのちも、みんな、かがやいていることを、わたしは、しみじみと知《し》りました。

でも、いまの世《よ》の中《なか》には、いのちの尊《とうと》さ、たいせつさに、まるで気《き》づかない人《ひと》たちがいることも、確《たし》かなことです。

平気《へいき》でだれかをいじめたり、きずつけたり、人《ひと》のいのちをうばったり……。

そして、一生《いっしょう》けんめいに生《い》きているのに、もっと生《い》きていたいのに、ずっと生《い》きられない人《ひと》たちもいます。

もしも、神《かみ》さまがこの世《よ》に存在《そんざい》するのなら、「いのち」って、なんですか？　と、会《あ》って聞《き》いてみたい気《き》がします。

この五《いつ》つの物語《ものがたり》から、「いのち」って、いったい、なんだろうか、すこし考《かんが》えてみてください。あなたなりの答《こた》えが見《み》つかったなら、生《い》きる勇気《ゆうき》と、やさしい心《こころ》が、きっと、あなたをつつんでくれるはずです。

綾野まさる

［作者］綾野まさる（あやの・まさる）
本名・綾野勝治。1944年、富山県生まれ。67年、日本コロムビア入社。5年間のサラリーマン生活後、フリーライターとして、特にいのちの尊厳に焦点をあてたノンフィクション分野で執筆。94年、第2回盲導犬サーブ記念文学賞受賞。主な作品に「いのちのあさがお」「帰ってきたジロー」「介助犬武蔵と学校へ行こう」（いずれもハート出版）、「900回のありがとう」（ポプラ社）ほか、多数。

［画家］松本恭子（まつもと・きょうこ）
大阪に生まれる。日本大学芸術学部卒業。主な作品に「笠地蔵」（小学館）、「雪女」（ＴＢＳブリタニカ）、「日本びっくりふしぎ話」（国土社）、「日づけのあるお話３６５日」（金の星社）、「まきちゃんとノミじいさん」「先生のお弁当」「いのちのあさがお」「いのちのひまわり」（ハート出版）など多数。

編集：佐々木照美

神さまに質問「いのち」ってなんですか

平成19年10月８日　第１刷発行

著　者　綾野まさる
発行者　日高裕明
発　行　株式会社ハート出版

〒171-0014
東京都豊島区池袋3-9-23
TEL.03-3590-6077
FAX.03-3590-6078

ハート出版ホームページ
http://www.810.co.jp

定価はカバーに表示してあります

印刷・製本／図書印刷

ISBN978-4-89295-578-5 C8093